此書獻給決心在這個世界為自己開鑿出一個位置，
仍選擇善良和心滿意足的你。

把自己活成動詞

Verbify

張瑋軒 著

目錄

Chapter 2 PLAY ── 跟時間玩耍，而不是被它玩

透過好奇，擁抱時間向度的自由
向內探詢，讓好奇幫助你更了解自己

Chapter 3

ENJOY

無論如何，都要享受自己的人生

Chapter 4

SHAPE

處理能量，塑造自己的命運

Chapter 5 REPOSE

好好休息，事情總會過去的

前言

《把自己活成動詞》有五個篇章，分別用了五個動詞，作為提綱挈領的方向：如何活出自己真正的生命意義（Live）、如何與時間玩耍（Play）、如何享受人生（Enjoy）、如何在低能量時重新塑造生命體驗（Shape），以及關於如何好好休息（Repose）。

這是一本生意盎然的書，也是一本充滿自我提問與嘗試回答的書。而答案是我這些年以來，面對龐大壓力與艱鉅挑戰的自我實驗成果。

作為一個想要改革社會意識形態的社會企業，我們的理想非常遙遠，推動非常困難，如果我不是一個懂得休息的人，絕對不可能數十年如一日地保持工作的熱情與能量。如果我不讓自己成為自我能量修復專家，我很難持續的奮鬥，每日堅定地帶領這麼多人踏上這條遙遙之路。

我持續不斷地向內探索和向外連結，驚奇地發現作為一個人的幸福與奧秘。光是試著「做好自己」，學會「如何做好一個人」，本身就能讓生命充滿了樂趣。我也在學習做好一個人的過程中，持續感受到世界帶給我的美好，也不斷地從自己的生命裡獲得無盡雀躍。

我們正進入全新的AI時代，我始終相信，這是我們重新學會如何做好一個人類的最佳時機，也是新興時代中的致勝關鍵。你越強大，你的AI工具便越強大；你越知道自己從哪裡來、要往哪裡去，就越能夠更好地利用日新月異的工具來幫助自己實現想望。

所以這究竟是什麼樣的一本書呢？這本書是我的個人自白，關於我怎麼看到時間，看待時間，和我對生活進行的各式實驗。我更期許它能成為你建立個人使用說明書的第一步，一本關於自己的人生參考書，作為一個人該如何打造自己的人生指南。你知道怎麼「使用自己」過好這一生嗎？盼此書能傳達有用的線索，讓你能開始建立屬於你的答案。希望這本書讓你的每一天都能有幸福的時刻，讓你知道人本自由，本自俱足。活好，就好。

Chapter 1

LIVE

你想要生命
怎麼被你度過？

「大部分的人終於感到準備好要開始活的時候，
已經到了結束的時刻。」
——塞內卡

把自己活成一種動詞

你是否曾經想過：一個人的名字，究竟是「名詞」還是「動詞」？

大學時，有位朋友曾對我說：「張瑋軒就是一種動詞。」他進一步解釋：「只要是你做的事情，好像就沒有不可能，你總帶給人希望和溫暖，像是被灑滿陽光一樣。『張瑋軒』對我來說，就是一個動詞。」

後來，**我在希臘文裡找到一個近似的字——mirakі。意味著以熱情、絕對的奉獻精神，全神貫注全身心投入的方式來完成某件事**。字詞源自土耳其語的 merak，意指「愛的勞動，身心愉快地做某事。」有些人會概括這個詞近似於「生命力」。

是我對自己生命的熱情與全身心專注到幾乎滿溢出的動能，讓人感覺到我的名字是個動詞吧。

在那之後，受他啟發，每過幾年，我就會檢視與定義自己作為一個動詞會是什麼。

「如果『我的名字』是個動詞，能創造什麼改變？帶來什麼影響？我希望自己是如何活著的？我生命的姿態會是什麼？」

想讓「自己的活著」是充滿主動性，具有想像力與創造力的，要動詞化你的人生。**我的名字，不僅僅是一個名詞，更代表著我的「活法」，體現出我的生命動能。**

擺脫被名詞定義的人生

仔細觀察，在社會習以為常的運轉邏輯裡，人們總是習慣使用「名詞」來定義他人或介紹自己，並透過名詞決定角色位置與權力關係。譬如：我是一個學生、我是一個新人、我是一名主管，她是妻子，我是爸爸，我是日本人，他是法國人等等，而這些來自「身分」的定義，總無形地繼承著社會文化對於固定角色的期待與行為規矩。

「如果只活在名詞裡，容易使我們陷入被動狀態，受角色框架所支配。我是什麼——已經被我的名詞定義。」

體現在課堂之間，我是學生便不能反駁老師，我是老師則不可以有錯；在工作之中，我是主管就要有一定的架勢，我是基層員工，只要聽指令做事就好，我是新人，所以我不應該說出我對某件事情的看法；在生活當中，因為我是男人、我是丈夫，所以我要肩負賺錢的主要責任，我是女人、我是母女，所以即使我有工作，也還是要照顧好家庭。這些都是活在名詞裡的種種實際場景。

◆常見的刻板名詞

媽媽／婆婆	老闆	家庭主婦／家庭主夫	網紅
爸爸／公公	主管	單親家庭	外商
兄弟／姊妹	員工／新人	同性戀／LGBTQIA	各種工作崗位標籤
媳婦／女婿	女強人	原住民	各種國籍標籤

別讓形容詞成為人生目標

除了習而不察的身分標籤，人們也容易不自覺地以「獲得下一個更大更好的名詞」作為人生目標，或是把目標設定於在自己的身分上添加更多的「形容詞」。比如，想要自己是「優秀的」，希望自己是「好看的」，渴望自己是「成功的」，期待自己「幸福的」，祈求自己是「富裕的」。

當人們把「名詞身分」視為一種目標的時候，往往會在獲得新名詞的瞬間感受到失落。因為總是有更好的頭銜、更壯觀的標籤，也總有下一個可以競逐的名號。而那些常被作為目標的形容詞，雖然目的是要建立自己和他人之間的期待和共識，卻往往導致目標過度抽象或盲目追求。

尤其，**每個人對形容詞具體「程度」的感知都不同**，這種認知的差異必然會產生落差、挫折感和實踐的困難。像是：我定義的「優秀」，對他來說可能只是「普通」而已；我定義的「成功」可能也是很多人眼中的「失敗」。只用形容詞來定義自己的時候，容易被外人界定的定義綁架、情緒勒索。當我們過度依賴內、外在的評價，人們往往會對自己產生懷疑和不安，而失去自我的獨立性。

◆常見的目標形容詞

成功的	具挑戰性的	變革性的	自由的
幸福的	關鍵的	高效的	美麗的
有錢的	準確的	創新的	好看的
有意義的	好的	優化的	瀟灑的

重新思考「我必須怎麼做?」

讓自己擺脫形容詞與名詞的束縛，改以「動詞」描述自己，代表著先不去想你是什麼，而是思考自己必須怎麼做。除了設定以形容詞和名詞搭建出的遠大目標，我們還可以為自己設計出一個**專屬的動力系統，建立自己的內在動力引擎**。

如此一來，你能逐漸為自己的每一天是如何思考、如何行動，建立出具有一致性的行動邏輯，而這個一致性的行動邏輯，就能帶著你前往嚮往的方向，並體現出自己對生命的創造性。

用英語文法的方式說，把自己活成動詞，就是讓自己成為「使能夠」，讓自己成為自己生命的「使動詞」。怎麼做?很簡單，當你在訂立目標的時候，除了那些名詞與形容詞，再多增加一個思考維度：**你希望自己是怎麼行動的?**把這些行動寫下來，重新歸納、組織，就能一步步找出屬於你的關鍵動詞定義。

「把自己活成動詞，就是讓自己成為方法。」

盧梭曾經說過，他所關心的不只是兩點端點，還有兩點之間。生命的真諦也是如此。我們終究一死，從此方到彼方，途徑本身就是一種樂趣，我們活著的目的不只是抵達，而是我們前行的姿態風華。

◆我曾自創和使用過的動詞

成為光
在黑暗中閃爍、照耀或引領的行為。象徵在黑暗中的堅持和勇敢，為自己與周圍帶來希望和安慰，代表克服困境、追求真理與正義的努力。「無論這世界有多黑暗，不要害怕成為那道光。」我鼓勵自己即使害怕並面對困難重重，也能抱持無所畏懼的勇氣。

卡繆式生活	「帶著世界賦予我們的裂痕去生活，去用殘損的手掌撫平彼此的創痕，固執的迎向幸福。因為沒有一種命運是對人的懲罰，只要竭盡全力就應該是幸福的，擁抱當下的光明，不寄希望於空渺的烏托邦，振奮昂揚，因為生存本身就是對荒誕最有力的反抗。」當我看見自己存於裂痕之間，在微小縫隙中求生存的時候，這個動詞法曾經陪伴我走過認為人生不值得且非常困難的階段。
無盡地純真喜悅著	一種源源不絕的愉悅感。表達情感的豐富與快樂程度，每件事情都能連結且不受限制、持續不斷地無憂無慮、興高采烈的快樂，像孩子一樣充滿著對世界的好奇和探索的熱情。
貓尾捲捲著	「貓尾捲捲」象徵著輕盈、靈活和俏皮的特質，就如同貓咪的尾巴在捲曲時展現出的活潑姿態。捲捲螺旋的無限擴展，同時象徵著生命中無窮的可能性與無盡的探索。它同時寓意著自然界中無處不在的螺旋形態，表現出生命的循環、演變與發展，體現萬事彼此效力的神在奧秘。這個動詞體現了在生活中不斷成長、適應變化，並以愉悅優雅的態度面對挑戰的精神。

高能量狀態，來自於對自己主控的程度

李小龍之女李香凝在《似水無形，李小龍的人生哲學》裡寫著：「自尊心來自對自己的想像，以及你多渴望別人用特定眼神看待你——也就是你的名聲。」名詞帶來身分框架，形容詞來自自己與別人對你的描述；名詞加上形容詞，最容易成為自尊心的來源。但李香凝分享道：事實是，這些名聲與自尊其實並不重要。

真正的成功，能讓你心滿意足地感受到的真正的成功，來自於自我的實現，而非他人的讚譽。真正的成長，來自於行為後的成果，而非想像中的那個自己。作為具有超高自尊的過來人，我非常清晰地知道，自尊往往是自我與外在衝突的來源，如果想要持續地保持高能量的人生狀態，關鍵就在於

「對自己主控性的掌握程度。」

主控性意味著能夠自主地管理自己的情緒、行為和決策。拿掉那些名詞的限制，拿掉那些來自你的內心期待或是外在賦予、不斷浮動的形容詞，在面對任何處境時更能掌握主動權，堅定自己的意志、確認自己的意圖[1]。專注於自己可以掌控的事物，而非被動地受限於外部環境和等待外部因素的改變，我們將更有力量去塑造自己的人生。

「所以問題再也不是被動的
『我應該做什麼？』，
而是主動的『我想要實現什麼？』」

1 意志（will）和意圖（intention）在某些情況下可能相似，但存在著一定差異。意志是堅定的決心和毅力，用於實現目標或克服困難。意圖則是行動之前設定的目的或計畫，表明了採取行動背後的動機。

當你擺脫名詞與形容詞，重新去思考自己「想怎麼做？」、「要怎麼做？」你會發現生命中浮現一種很鮮活的、源源不絕的動力，因為你就是自己生命的動力引擎。而且最棒的是，那是全宇宙只專屬於你的定義，那是專屬你的實現方法。

成為自己生命的創造者

想要擁有對自己的主控性，你就必須花足夠的時間在探索自己和了解自己，才有機會實現自己。卡繆在《卡繆札記》寫過一句殘忍卻真實的話：「生活和創作並不是兩種天分，而是同樣的能力，而且我很確定那種只能生產出膚淺作品的才情，也只能撐起一種輕薄的生命。」

我們的生命，就是一張空白畫布，每個人的出生環境不同，讓這塊畫布有不同的大小、材質、邊框和媒材顏料。但無論這張畫布的預設條件是什麼，這幅畫是精彩、有生命力、令人興致盎然的，還是陳腔濫調、平庸諂媚、複製貼上的，**都是自己的決定**。

「我們的生活是什麼樣子，
完全依據自己是怎麼樣的創造者。」

我在林克雷特聲音訓練系統（Linklater Voice Technique）的課程上，做過一個「聲音自畫像」的練習。每個同學要在一張A4空白紙上，畫出自己和對自己聲音的想像。

有人在A4紙上畫出僅有一個食指長的迷你小人，也有人的A4紙上滿滿的就是一個大大的自我人形；有人的自畫像有五官，有人的自畫像面目很模糊；有人說自己的聲音是被憤怒的紅色充滿，也有人說自己的聲音是明亮的、充滿音符的鮮黃色。我清楚看見，每個人都有屬於自己的生命故事與聲音的詮釋。

「如果不管他人評價，
專心為你想要的人生畫一幅畫，
這幅畫會是什麼樣子？」

這幅畫在色彩上，是蔚藍、青綠、鮮橘，還是漆黑的？在筆觸上，是潑墨、水彩、還是色鉛筆的？是純畫筆，拼貼，還是異材質？是寫實主義、印象派，還是野獸派？而畫內主題，是靜物、人物、神像、動物，是田園風景還是城市巷弄？如果你身在畫布之中，是處於巨浪之邊，還是山峰之巔？如果這幅畫作有時間、季節，會是春夏秋冬？是日出還是日落？

▨自由畫畫練習

自由畫畫，是一種表達性藝術療癒（Expressive Art Therapy）的練習，除了能挖掘內心世界、提高自我意識，也能釋放情緒壓力。

從顏色、筆觸粗細、畫筆速度、人物關係位置、怎麼畫出自己……每個人的選擇都會不同，你只需要允許自己自由地嘗試。這樣的方法，提供一種非語言的表達方式，讓你能專注於主動探索內在的感受與經歷，轉化難以用言語描述的經驗。透過自由創作能看見平常看不見的自己，並有機會更好地主控自己的生命狀態與能量傾向。

以下有幾個不同的主題，能夠幫助覺察自我，試著動手畫畫看吧！

- **聲音自畫像**
- **你與物質關係的畫像**
- **此時此刻的生活自畫像**
- **理想的生活自畫像**
- **與他人（可以是同事／朋友／戀人／家人）的關係畫像**

找到自己的天賦流向

「我過去隱約感到的自鳴得意，並沒有賦予我一種確定的外表，在我的心裡面，一切都是模糊不清、微不足道的。」西蒙波娃在回憶錄中，描述找到自我之前的迷惘與糾結。她不確定於自己的存在價值和意義，一切都是模糊且微不足道的。這種感覺讓她失去了個性和主觀性，感覺自己像是一個無限、但從未被定義的存在。

但當她開始了解自己，發現自己的優勢與傾向，她知曉自己是誰，以及伴隨而來的天賦流向，她用一種無以倫比的方式形容擁有自己的感受：

「我融入了廣闊無垠之中，同時依然是我自己。我的眼瞼感受到陽光的溫暖；這照耀天下大眾的陽光，在此時此地只撫摩著我。風在白楊樹周圍迴旋。這風來自別處，來自四面八方，攪得天翻地覆，我靜靜地旋轉著，一直旋轉到天涯海角。當月亮在天邊升起時，我與遙遠的城市、沙漠、海洋和村莊融為一體，此時此刻，它們同我一樣沐浴著月亮的光輝。我不再是一種空洞的意識、一種抽象的目光，而是黑麥波浪起伏的芬芳、是灌木叢隱隱約約的清香、是正午的悶熱、是薄暮的顫動。我沈甸甸的，然而我蒸發在碧空之中，我浩瀚無垠。」

「只要你足夠了解自己，
能夠精通自己，
人人都能經歷到合一的體驗。」

我遇過很多人，包括我自己，在生活中也能夠感受到這種超越時間限制、與萬物相連，浩瀚無垠並且擁有豐盛能量動力的經驗。

用「自我譬喻」具體化你的天賦傾向

如果你是擅長創造與想像的人，試試看利用印象的方式來建立「自我譬喻」吧。

我遇過形容自己像是老鷹一樣的人，他總是能以「飛翔」的意象應對生命際遇的高低起伏；我遇過說自己是一匹花布的人，總是能用帶有各種溫度的層次回應周遭的發生；還有人說自己是隻獅子，或是一片大地。有趣的是，還有人曾經跟我分享他認為自己像是一面鼓，只要別人敲打，就能發出聲響。當我問他：「你有嘗試讓自己拿起鼓棒嗎？」他的眼中突然迸發光芒，喃喃自語地說：「我也可以讓自己拿起鼓棒嗎？」在那之後，他的人生道路產生了巨大轉變，他開始主動掌握自己的生命節奏，讓每個人生經驗都發生在自己想要的鼓點上。光是人生意象的改變，就讓他第一次感覺到自由。

「把自己活成動詞的終極目標是——
知道自己是誰，做好自己的生命定義。」

這麼一來，我們才能感受到存在的自由——我知道我從哪裡來，也知道自己要往哪裡去。

從「你像是什麼」開始勾勒完整畫面

好幾年前，教練曾經問過我一個關於領導力的問題：「你覺得你的領導風格像是什麼？」我的第一個直覺是：「海。」這個答案反映出我的天賦傾向，迄今仍是我對自己認識的縮影，也讓我進一步探究自我能量的來源。

海由水所組成。當我開始用水的姿態，思考自己的生命性狀，一種源自於靈魂深處的自由感便油然而生——因為我是水，我能用不同的狀態面對不同的情境；我也開始對滴水穿石的力量產生連結，並對團隊的溝通養成不可思議的耐心。千川百河萬水匯聚成海洋，象徵著自由的流向與宏大的共同目標，「願景」也成為我源源不斷的能量來源，讓我更能堅定於宏觀與長期主義思維。如海與水一般，成為我對自己天賦流向的自我譬喻，幫助我擁有流淌的活力與不竭的能量，更讓我能以詩意的方式化解挑戰。

反之，**自我譬喻也讓我有機會看到自己的盲區**：水柔順而穿石，為什麼我這麼沒有耐性？一場我認為是如沐甘霖的大雨，為何讓與我相處的人覺得全身濕透、苦不堪言？而讓我**有機會主動改變**。

你也可以試著回答這個問題：你的領導風格／工作態度／感情觀／教養概念，像是什麼？

透過內核思考自我檢驗

自我譬喻法，是找到一種生命的意象，幫助你用不同視角看見自己。內核思考法，則像是撥洋蔥般的，幫助自己深度剖析自己的本質與行為表現。如果自我譬喻對你來說很抽象，「傾向」這個詞彙也未能點燃你的內心火焰，內核式思考法或許更適合你。

內核思考法透過信仰、價值觀、行為態度的三重同心圓模型，幫助我們了解自己的核心，以及自己的行為模式是否與這樣的核心價值一致。信仰指的是對於沒有證據事物的堅定信念，可以是人生哲學、對愛與資本的信仰等等。價值觀是原則，是什麼行為讓自己感到有價值和意義。行為態度則代表你會以什麼方式、採取哪些行動。

你可以透過三重同心圓，一一寫下自己的信仰、價值觀、行為態度。並比較自己的行為態度，是否反映出你的信仰和價值觀？如果是，哪些行為能更好地體現你的內核？請標註它們，並思考如何進一步強化你的表現。如果你的表現與內核不一致，為什麼呢？當你展現這樣的行為時，你是否感到滿意？你需要重新檢視你的信

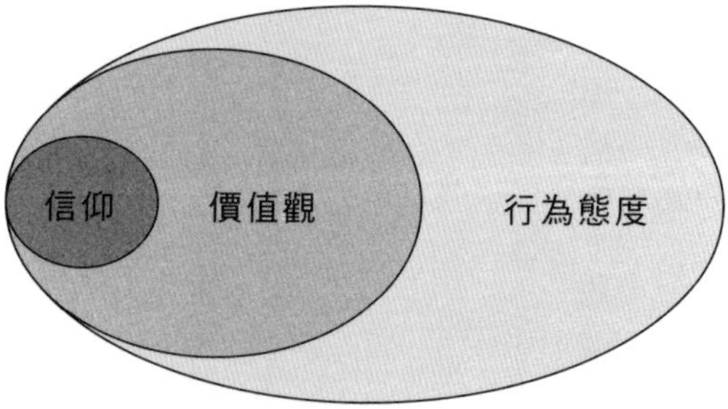

信仰	價值觀	行為態度

內核思考的三重同心圓模型

仰和價值觀嗎？你是否一直以為自己是某種人，但實際上**你的行為卻從未如此展現**？

真正的答案是：你能決定你是誰

坊間也有各種科學測試，如DISC人格分析、MBTI十六型人格測驗、蓋洛普優勢測驗等。如果你還不夠了解自己，或是想要證明自己的傾向狀態，這些測驗確實不失為一種幫助我們探索自我，或向其他人表達的便利方式。

但是，你知道嗎？所有的「科學的」測試結果都是動態的。不到三年的時間，在任何一個測驗，我的結果都不一樣。在DISC，我從C變成DI且帶有強烈S傾向的人；十六型人格中，我從INTP到INFJ；蓋洛普天賦測驗的Top3，我的天賦也從理念（ideation）、學習（learner）、成就（achiever），到信仰（belif）、策略（strategy）和思維（intellectual）。

「動態結果的經驗，讓我非常清晰的確認——是我們自己決定了自己是什麼。」

我們可以透過了解自己的天賦流向，放大優勢、看見盲區；透過檢驗信仰、價值觀與行為的一致性，確認自己正在抵達目標的路上。

我相信這宇宙不會有任何一個人或測驗比你更認識自己。只要你足夠願意，足夠誠實，你就能透過行為，展現出自己的想要與不想要，藉此鍛鍊出自己的能夠或不能夠，並進一步成長為你所嚮往的動詞。

順應天賦，發展出愉悅且高效的能量配置策略

尋找天賦流向，並不僅僅是追求自己的「命定必然」和「與生俱來的才能」，因為天賦並非天才，每項技能都需經過刻意練習和時間的積累。天賦要能是天賦，也必須不斷地練習才有可能，盲點經過刻意練習，也能是一塊成長磐石。**人人皆有天賦**，人人皆有自己的優勢，這是能讓自己愉悅又有所成就的能力。

績效策略師暨知名演講人蘿拉・加尼特（Laura Garnett）在《天賦驅動》中闡述：挖掘天賦，就是運用我們的特長，塑造出讓自己最愉悅又高效應對事物的能力。

發明蓋洛普優勢測驗、被美國心理學協會譽為正向心理學與天賦心理學之父唐諾・克里夫頓（Donald O. Clifton）曾提出SIGN模型，認為天賦具有以下四個特性：自我效能／勝任感（Self-Efficacy）、本能熱愛（instinct）、自我滿足（Needs）、快速成長（Growth）。

觀察自己在面對不同事情時，是否浮現出SIGN模型的特徵，就能從生活中發掘自己隱藏的天賦。如果能讓天賦成為你的工作與生活習慣，你的每一天也會開始充滿自我認同，以及幸福感。

「找到自己的天賦流向，是為了找到最順其自然的動力模式，從而建立適合自己的高效動力與能量配置策略。」

如果你還不知道自己的天賦是什麼，可以先從以下三個問題開始：

1 在做什麼事情的時候，能讓我感覺到快樂與滿足？

2 我在做什麼事情的時候，會感覺到非常有意義？

3 做什麼事情的時候，我常常會在進行中忘記了時間？

透過GIFT自我探問，找到自己的天賦

從以上的問題，我進一步擴展成命名為「GIFT」的自我天賦探問法。在英文中，「GIFT」既有禮物的意涵，也是天賦的意思。我深信每個人都有與生俱來的天賦禮物，唯一的不同在於你是否真正領取並妥善發揮屬於自己的「GIFT」。透過成長（Growth）、興趣（Interest）、流程（Flow）、和特質（Traits）四大面向，讓你有機會同時看見自己的內在驅動力和外在成果的實踐度。

◆GIFT自我天賦提問表

Growth 成長	在哪些領域，你能感覺自己學習速度最快？ 在過去的經歷中，哪些事情讓你感到最自豪？ 你最喜歡接受哪種類型的挑戰？為什麼？
Interest 興趣	哪些活動或領域，能讓你充滿熱情，處於最佳狀態？ 什麼事情結束後，會讓你想要再來一次？是什麼讓你滿足？ 哪些人事物會讓你充滿好奇心？是什麼吸引了你？
Flow 流程	在過去的經歷中，哪些工作或學習流程能使你感到最舒適且高效？ 你是否曾經嘗試過優化某個流程？如果是，那麼，你採取了哪些措施，最後效果如何？ 你如何在面對不熟悉的流程時，快速適應並提高效率？
Traits 特質	你具有哪些獨特的性格特質？ 這些特質如何影響你的興趣和才能？ 你的性格特質如何幫助你在日常生活和工作中取得成功？

◆GIFT他人提問表

如果問自己對目前的你有點挑戰，可以試試看田野調查法，問問你周遭（會說真話）的朋友和導師們。

Growth 成長	在我的成長生涯中，您認為我有哪些顯著的成長和進步？
	您認為我應該在哪些方面專注於自我成長和提升？
	您是否有任何建議，以幫助我在個人和職業發展方面取得更好的成果？
Interest 興趣	您認為我在哪些領域表現出濃厚的興趣和熱情？
	您是否注意到我在某些特定活動中能展現出我的最佳狀態？如果有，那是什麼？
	您覺得我在追求興趣時的態度和行為如何？
Flow 流程	您認為我在哪些工作或活動中的流程管理表現得最好？
	在我過去的經歷中，您是否注意到我在某些流程能夠更有效地運用我的能量？
	在面對不同流程時，您覺得我傾向如何應對挑戰和困難？

Traits 特質	您認為我具有哪些獨特的個性特質？
	在我展現這些特質時，有哪些事例讓您印象深刻？
	您覺得我應該如何運用及發揮我的特質，以提升個人和職業生涯的成功？

諾貝爾文學獎得主赫曼．赫塞說過：「每個人都只有一個使命，那就是尋找真正的自我。」若能運用自己的天賦和優勢，你會驚喜地發現，原來「成為自己」是一段如此有趣的嘗試。

你是誰，你能是誰，只有你可以回答，而且你知道你絕對有能力回答。如果你想讓每一天都有飽滿的能量，就是每一天都用「我能是誰」的意圖去生活。如此一來，今天將不再只是另一個平凡的一天，而是充滿天賦流向與實現的一天！

百分之百地身處於此時此刻

想讓自己成為「動詞」，除了探索心靈深處，也需要與身體建立緊密連結。《喚醒你心中的大師》中精闢地形容：「創造力強的人不單用言語思考，而是動用全部感官、全身都投入在思考活動中。他們遍尋在不同層次刺激思考的感官線索。」我們並不只是我們大腦中的想法而已，還需要以大腦以外的維度，透過身體、空間和人際互動，豐富自我認知與實踐。

身體線索與思考互為連結

愛因斯坦在思索相對論時，習慣手拿著一顆橡皮球，每當陷入苦思，就用雙手緊握著球；作家海明威宣稱自己喜歡站著寫作；著名導演大衛・林區則說自己的創意來源是：「吃巧克力奶昔和四、五、六、七杯咖啡——加很多糖，巧克力奶昔裡也有很多糖，是很濃的奶昔，裝在銀色的高腳杯裡。**我會因為攝取這麼多糖而興奮莫名，腦中一下湧上許多點子！**」而詩人席勒則在工作室的抽屜裡放滿了爛蘋果，因為爛蘋果那種甜酸的味道，能激發他的寫作靈感。

提高身體意識，有助於培育非語言思考的反應力，同時多維度地刺激大腦和感官反應，從而釋放你的天賦、拓展創造力，並發掘聯覺（synesthesia）的無窮魅力。這樣的洞察和提示，不僅能指引你走向更為豐富和全面的人生體驗，感官的反應也能讓你與「此時此刻」產生更深刻的連結。你能透過身心靈和各種感官，感受到多少層次的世界，會決定你所能體驗到的境界。

讓現在成為唯一的關注

此時此刻，全身心合一百分之百的全然投入，就是「活在當下」的最好說明。這是我的生命哲學，也是阿德勒心理學的應用：**不活在對未來的恐懼，也無需活在焦慮懊悔的過去，此時此刻就是現在所擁有的**——最好的動詞活法，就是讓現在成為唯一的關注。

「全身心投入意味著心靈、思想、身體、情感和意識之間的緊密連結。」

這包括心靈與思想之間的聯繫、思想與語言及非語言表達之間的關聯、與自己身體的聯繫，以及與內心情感的互動。當我們全身心地投入時，意味著大腦、身體、表達、情感和意念能夠百分之百融合，將所有自己無條件地投入於當下，或者給予與我們共度時光的他人。而這樣的投入，能讓我們與自己和周圍的人們，建立起更深刻、更真實的連結。

透過長期運動以及林克雷特聲音系統的學習，我有機會非常深入體悟到自己與身體、聲音與表達的連結。聲音的發生，不是單點的喉結滾動，而是人類整體性運動與意念的共同達成。**運動有助於我們啟動身體感官**，因為「**移動中的身體**」**能帶給人們一種屬於身體才有的感官智能**，幫助我們啟動與之相關的大腦皮質覺察與反應，讓我們有機會用不同的方式體驗身體與心智經驗，擴增出自己的**身體識讀能力**（physical literacy）。

活出完整且連續的自己

觀看人體構造，**沒有任何肌肉是單獨運作的**；光是一個簡單的呼吸，就能連結全身的肌肉運動。資深瑜珈教師喬安妮・阿維森在《給瑜珈、健身、治療師的筋膜解析書》書裡描述：「呼吸與骨骼和軀體體壁，沒有一處是分開的。」當我開始探索人體解剖、筋膜骨骼的學問，驚奇地再一次理解「整體性」是什麼。這是生命的真諦和奧秘之美，也是我喜歡的生活哲學。

人體的結構基質是整體性的運作，我們的生命也是。生活是整體的，全融的，圓滿的；而不是單點的，斷裂的，局部的。

「活在當下，就是每一刻的我，都是飽滿的、百分之百的我。」

掌握自我能量的秘訣，就是重視自己，完完整整的自己。所以每當有人問我：「如何把工作跟生活分開？」「如何創造工作與生活的平衡？」我的答案是：生命的真諦不是開關，不是分開，不是天秤兩端的平衡。生活像是個圓，我們在當中有機地創造整體性的協調。我們追求的不是分裂，而是創造讓每一刻都有意義的全融式生活（integrated life）。

別用「工作的我」和「私下的我」做二元分割，任何工作狀態的你都是你；不斷裂「快樂的我」和「悲傷的我」，任何情緒的你都是你；不斷裂「戀愛中的我」和「單身的我」，任何感情處境的你都是你。只要在每個當下，詢問自己：我有沒有全身心口、百分之百地全然投入在此時此刻？

在希望中醒來，在感激中睡去

賈伯斯說過：「如果你把每天都當成最後一天來過，總有一天你會證明**自己是對的**。」我常想，怎麼樣把今天當作最後一天來度過。如果是最後一天，我一定希望這會是最好的一天，讓我不留遺憾、淋漓盡致的一天，而我無論怎麼思辨，**關於最好的日子，答案只有一個——能在希望中醒來，在感激中睡去**。最好的生命經驗也是這樣的吧？如果今天就是生命的最後一天，我希望我能感受到希望，並對生命所經歷的一切心存感激才死去。

要把自己活成自己想要的動詞，並擁有具備意義與能量的生命存在感，我認為其中一個秘訣就在於——提前重視自己終將一死，勇敢承認自己隨時都有可能會離開。

「每個人都終將一死，
而我們終其一生，都是在向死而生。」

每一天都是向死而生

向死而生的想法，能讓我們承認時間的有限性和隨時性。這一秒我活著，同時這一秒我也就死去了，我們其實「**隨時都在死**」。當你開始清晰地認知到這個事實，就有機會將對生命的感受力深入到最小粒度。當你知道這一秒過去就是死去了，你希望自己如何活過這一秒呢？是充滿愛的還是充滿憤怒的？是充滿希望的還是充滿恐懼的？是充滿委屈的還是充滿感激的？就如達文西所寫下的：「**一如充實的一日會換來甜美的睡眠，充實的一生將帶來甜美的長眠。**」用最簡單的邏輯推演：只要你能把此時此刻、每一秒以至於每一分鐘，都過得心滿意足，**這輩子便能由無數的心滿意足累積而成**，直到死亡前的那一刻，你都會是心滿意足的。

澳洲臨終護士布朗妮・維爾（Bronnie Ware）整理出五個臨終前人們最常見的遺憾，並在網路上廣為流傳。這五件事分別是：

❶ 沒有勇氣活出真正的自己，而是迎合他人期望而生活。

❷ 花太多時間在工作上而忽略與重要關係人之間的相處。

❸ 沒有勇氣表達自己的情感。

❹ 失去了與朋友之間的聯繫，沒有及時保持關係。

❺ 選擇忍耐，沒有給自己更多的勇氣去嘗試冒險和改變。

這份清單讓我們看見如何更好地向死而生。稍加分析，可以發現這五件事的其中兩項跟「自己要什麼」有關，這也是「工作」會在你生命裡所扮演的角色。你在做的事情是不是你真心想要實現的？

還有兩項跟「關係人」有關，現在你的生活裡有重要的人存在嗎？最後一項跟「自己的感受」有關，現在的你，有勇氣或能力如實表達你的感受嗎？

反過來說，**若能從事感到意義的工作、建立和維持有意義的人際關係、**

並在每個當下都能全身心口一致的表達，當這三種狀態相融合一時，或許就是理想生活的樣態。

有意義的工作，是我期待工作除了能養活自己還能奉獻給更多人；有意義的人際關係不是所謂「人脈」經營，而是人生能有自己所愛也有愛自己的人；臨在，全神貫注地投入當下，摒除其他干擾和雜念，與自己的全身心與表達合一。如果每一天我們都能這樣三維相融地活著，這該會是多好的一天。

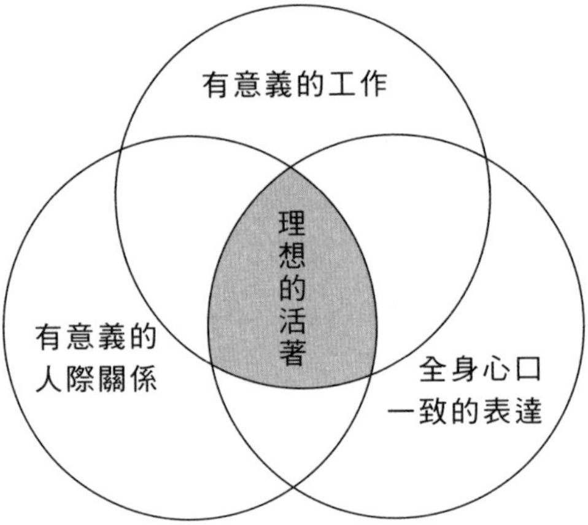

理想人生三維圖

死亡與活著，都是一種過程

根據英國臨終關懷醫生凱瑟琳．曼尼斯（Kathryn Mannix）在《好好告別》中的描述，由生到死並不是開關，而是一種像出生一般的過程：「病人逐漸地變得更加疲倦。隨著時間的推移，病人睡的時候多，醒的時候少……有時，病人在睡眠過程中處於昏迷狀態。這一變化雖然微小但卻非常重要。我們叫不醒他們。但當他們醒來時會說他們睡得很香。這時我們會知道，這種昏迷對病人來說並不可怕……最終他們會一直處於無意識狀態。」

閱讀到這段文字，你有什麼感覺嗎？對我來說，這是一種新的體悟。

「如果死亡是一段過程，從出生開始，我們就身歷其境地漫步於中，正走向死亡的彼方。」

把人生當作一段旅程，你希望自己是怎麼樣的旅人呢？如果我們就不過是旅人，可以沒有預設地放大自己的五感，感受在旅程中才能擁有的新鮮與驚奇。每個場景、每個相逢的人，就像是在不同國度遇到的過客或朋友，有鳥事發生笑笑就算了，就像在義大利被扒手扒走了錢包，不過就是一種「義大利體驗」嘛！

人生，就是獨一無二、屬於我們每個人的體驗旅程。我選擇成為一個充滿好奇心的探險家，勇於主動探索各種新世界，而不是一個處處抱持懷疑、焦慮抱怨的旅人，或是被動地按照規劃好的路線和景點而走的觀光客。

有人會說反正人終須一死，總有人重於泰山，也有人輕於鴻毛，我們身為平凡人，不過只是輕如鴻毛之人，何必重生重死。但西蒙波娃在《人都是要死的》中有個片段，我非常喜歡：

「對我來說，做一個人便是一件大事。」

「一個普通人。」我說。

「是的，這就夠了，這就值得人去活，也值得人去死。」

「做一個普通人，也值得好好地活。好好地活，對我而言，是因為學會了該怎麼好好地死。」

任何人都可以把自己活成動詞。把自己當作方法，把握這一生地活著。從理性地自我探問、深入瞭解，到非語言表達的意象練習和身體覺察，掌握自己的天賦流向，放大優勢，活在當下，避免能量雷區。我知道自己在任何一天都可以沒有遺憾地死去，因為每一天，我都認真嘗試著好好的活過了——醒來的時候，能感覺到這一天充滿著無限可能，而睡去時也能感激今天有很多好事發生！

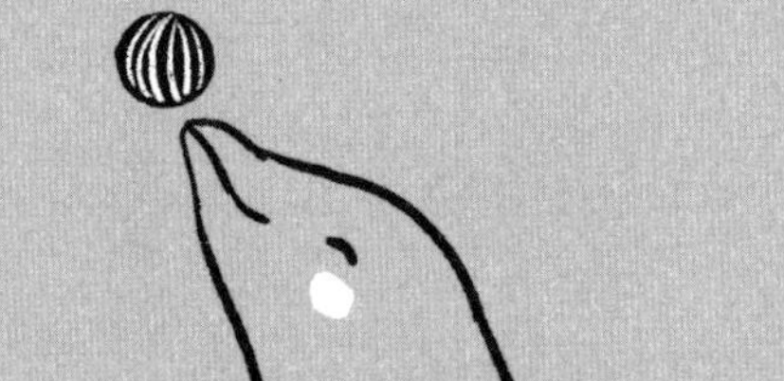

Chapter 2

PLAY

跟時間玩耍，而不是被它玩

「幾乎我身邊的一切都是好的。」

——馬可·奧理略

把時間花在哪裡，就會成為那樣子的人

很多人常說在這個世界上，唯一平等的事情就是時間；但事實上，時間並不是公平的。即使看起來每個人每天同樣擁有二十四小時，但貧富與階級差距，會對我們可支配的時間造成差異。富裕階層確實有更多資源，因此能雇用他人、或使用更有效率的工具。經濟上相對匱乏的人，可能就沒有像這樣的餘裕。

「階級」這個詞彙聽起來遙遠且嚴肅，但事實上馬克思主義所謂「所有存在社會的歷史都是階級鬥爭史」，仍然有其真實與普遍性；所有奮鬥、所有的爭取，仍然都與階級有關——每個有抱負的人，都渴望著向上爬升或是突破限制，甚至現今時髦的自由工作者或斜槓青年，其底層邏輯仍是打破現有的職場階級框架，希望在不受限制的情況下，擁有更大時間或財富自由。

儘管如此，時間仍然是這個時空中最接近公平的存在。有效地管理時間和能量，是幫助自己成為動詞、超越既有生命框架的重要手段之一。

你想要的生活是什麼？

誠實地說，創業對我而言是非常不適應的。我生來就有說走就走的衝動與浪慢慾望，從不在同一個地方棲息太久。在創業之前，我本是個旅行作家，書桌上剛放著一份等著我簽名的出版合約。我曾經的嚮往，就是自由旅居在世界各地，做個漫遊世界的好奇旅人。

現在，作為公司的最終負責人，無論我身處何方、休假與否，我的二十四小時都注定被捆綁在這間公司之上。這讓我開始對自己進行一連串的研究——

「如果我被迫進入一種我前所未見、
甚至從未預期的生命經驗，
我該如何享受生活？」

就如同我成為自己從沒想過的創業者，有很多人也是被迫或是沒有選擇地進入未預期的學校或家庭環境。

「這不是我要的生活啊！」相信這是許多人曾出現在心底深處的無聲吶喊。我也這樣在內心納悶過，於是我開始問自己——「所以，親愛的，你要什麼？」在一次又一次的自我叩問中，我發展出屬於自己的答案。我決心成為自己生命體驗的塑造者，主動決定自己的命運。

為「想要」付出相對應的「時間」

「我要的是什麼？」在生活的瞬間與瞬間之間，不妨經常問自己這個問題。如果你不想要現在這個工作，那麼，什麼樣的工作更符合你的熱情？如果你不想要常常加班，是不是能從哪邊畫出界線；或是把必須付出的時間，轉化成對未來有所助益的成長機會？

當你更加理解自己要什麼，就能開始剖析生命裡真正需要的，以及為了達成這個目標，你必須付出哪些時間。把時間花在自己的需要，才能創造自己的想要。

「透過主動掌控時間，就能把時間從壓力來源，轉化成能量的源頭。」

坊間有各種時間管理方法和分配時間的建議，每個人多少也有自己的時間分配邏輯。唯一的真理是，你必須從知道自己是誰、自己想要什麼開始。

如果你還沒有答案，就必須要花時間建立屬於自己的動詞方式，才有機會讓人生長成理想的模樣。

客觀地觀察自己

這個「知道」，不僅僅是主觀的認定，還需要有客觀的認知。要把自己活成動詞，「客觀」是非常值得練習的視角。

前一章我們提到名詞、形容詞帶來刻板印象，事實上，除了社會賦予我們的偏見，我們也很可能活在自己對他人、甚至是自己對自己的偏見裡。偏見是一種特定的觀看視角，人人有之，這很自然，只是可惜。練習客觀並非意味抽離，而是透過深度又誠實的尊重，讓視角能有所轉換。

尊重（respect）的詞根來自拉丁文的凝視（respicere），意思是「如實觀看一個人的能力」。客觀，即是練習「如實看見」。對外在人事物保持客觀的角度當然重要，但更難得的是有沒有能力尊重自己？客觀地對待自己，不過度自我苛求，也不盲目地自我崇拜。

「如實地面對自己，就有能力不曲解與竄改事物、他人和自我。」

有些人不知不覺地活在自己編織的神話或謊言裡，**將自己塑造成英雄或是受害者**，終其一生都將心力耗費在自欺欺人。當你能對自己保持客觀，就可以心平氣和地看見你的優勢與不足、你的天賦與喜好、你的恐懼與逃避，以及讓你感受到羨慕、嫉妒、麻木或憤怒的人事物。

從理想我先開始觀察，是比較容易的，因為那是一種「想像的自己」。很多人會把現狀的自己跟想像的自己混淆，因此對自己有錯誤期待或過分苛責。再後面的練習中，你可以先寫下「理想我」，再把視角放回現狀，幫助自己務實地看見「理想我」有沒有需要修正的地方？也可以同時知道現狀的自己擁有什麼。

主動的自我探索，結合如實的客觀視角，能幫助我們更清楚「現狀我」

與「理想我」的距離。相對於害怕面對差距，這樣的觀察反而能夠幫助我們專注於前進的方向。如實客觀的視角，能讓我們承認自己的優點，同時坦然面對自己的不足。我們將能更有目標地運用時間，專注於發揮優勢，弱化盲區。跟時間玩起來，就是把生命中的每一刻，轉換為實現「理想我」的素材。

▨客觀視角練習

先寫下「理想我」是什麼，再描述「現狀我」的狀態。寫出中間的差距和利基點是什麼？有沒有什麼「行動」是現在可以做的？

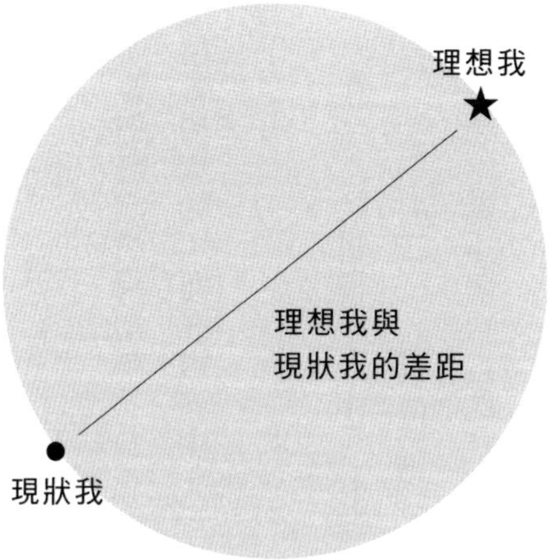

現狀我

列出能往理想我邁進的行動

理想我

每天為自己畫一顆六芒星

要把自己活成動詞，必須掌握對自己生命的主動性。我對時間進行過各種創新和實驗，而在這其中，「六芒星模型」是我最喜歡、也持續使用的一個。

在「**六芒星模型**」中，**我將時間分成兩個主要類別：吸收**（input）**和釋放**（output）。前者以倒三角形象徵吸納知識與經驗，後者則以正三角形代表在生活中將自己的能量、知識或技能付諸實踐，並為他人或社會做出貢獻的過程金字塔。直接翻譯成中文是「輸入」和「輸出」，但為了更好地透過語言來塑造自己的生活，我偏好命名為「吸收」和「釋放」。

「吸收」代表獲得滋養、能量、力量；「釋放」則意味著能貢獻一己之力、付出自己的能量與經驗以創造成果，並從中獲得滿足。這兩個動詞，是我每一天的必需，也是讓每一天都能充滿動力的秘密。

我理想的日子，是能有吸收也能有所釋放，有收穫也能有所付出。就像花草樹木一樣，根吸收大地養分，也同時能為世界綻放美麗或為過路人庇蔭遮涼。這個道理跟宇宙生命運作的基本原理相同：活著必須呼吸，生命就是一段吐與納。

我們所花費的任何時間，也不應脫離吸收與釋放這兩種類別。

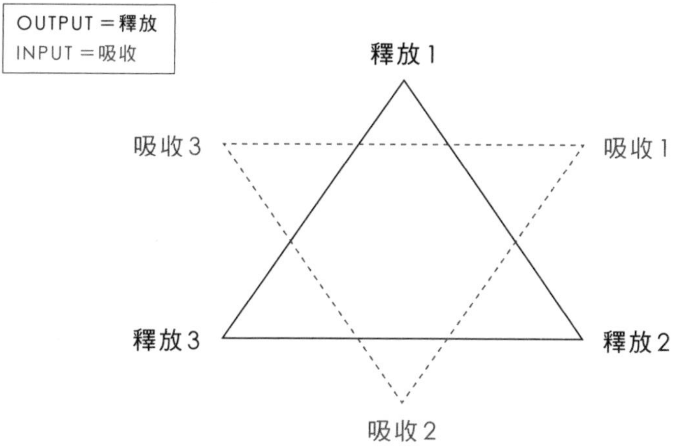

六芒星模型

當我意識到這個行動無法為我帶來吸收或釋放時，我會立刻停下來，靜下心檢視釐清並確認「我正在做什麼？」透過目前的動詞狀態，幫助自己時刻確認，我是否正活出自己渴望的人生。

每一天都必備的兩個動詞：吸收與釋放

無論你使用任何一種時間分配類型和框架，「六芒星模型」都能是你的輔助工具。我至少每週會檢視一次，自己是否能保持吸收與釋放的最佳比例。此外，因為生命狀態永遠是流動且有彈性的，最佳比例不一定是「平衡」——不必每天都追求兩個同等大小的三角形，而是按照自己的需求狀態，決定正反兩個三角形的大小。

「確認這一天，
你能同時擁有吸收與釋放！」

有時候我會感覺到自己需要特別多的吸收，讓自己更有能量或是更有信心，這時候，我便會刻意創造可以「吸收」的時空，把倒三角形放到最大；反之，有時我發現自己狀態絕佳，能夠有更多的付出與慷慨，這時我便會特別增加「釋放」的舞台，讓我的正三角形特別宏偉。

以下是一些吸收和釋放的類別和行動參考，由此開始，想想看你的吸收與釋放有哪些吧！

◆吸收：代表獲得獲得獲得滋養與能量補給

工作	凡能帶來靈感和學習機會的，都被我歸為吸收類的工作。
學習	包括閱讀在內，各種類別的學習，都能帶來新的發現。
自我洞察	獨處、冥想、自省、目標設定等。
運動	有意識地理解身體的運作模式，對我來說是非常高效的輸入模式。
休閒娛樂	輸入快樂也是種吸收！任何可以讓你身心愉悅的都行，譬如：旅行、觀賞電影、欣賞音樂、追劇或看漫畫、小說等等。

人際關係	與朋友和家人聚會、參加社交活動等。
跟寵物／寶寶相處	帶來放鬆、玩耍的經驗。

◆釋放：代表能貢獻一己之力，創造成果並得到滿足

工作	職業成就、專案貢獻、會議表現、演講表達。
創意發揮	寫作、繪畫、音樂創作等。
志願投入	社區服務、慈善活動等。
人際關係	給予支持、關懷、建立良好關係等。
領導管理	指導他人、提供建議、激勵團隊等。
教育	和孩子共同完成作業、參與活動、分享經驗等。

同一行動中，可能兼具「吸收」與「釋放」雙重特質

以「人際關係」為例，當你在相處過程中獲得愛護與滋養時，便是吸收；而當你在付出關愛、助人或是釋放自我情緒時，便是釋放。一段品質優良的關係，通常彼此都能有足夠多的吸收和釋放。

在面對擁有吸收與釋放兩種特質的事物（例如：工作、戀愛）時，透過主動的觀察與動態的調整，將能確保自己與這些事物之間的關係，處於理想狀態。

譬如：我們可以透過六芒星的模型，檢視某段人際關係，是否能滿足雙方對吸收與釋放的需求。**若長期僅存在單方面的吸收或釋放，將無法讓自己和對方共同成長、彼此滋養，這段關係一定需要重新檢視或改變。**

透過六芒星，我們也能為即將到來的釋放做好準備。例如，每週一我會與各部門主管進行一對一會議。這是我需要在有限的時間內展現最佳輸出品質的日子，因此，我會確保自己在週日能有充足的吸收，讓我的週一擁有更

多的能量和餘裕全心投入。所以我的週一，再也不會讓我覺得挑戰和辛苦，反而是一個讓我躍躍欲試、積蓄能量並貢獻團隊的機會。

透過六芒星模型，你將能更清晰地領悟自己時間的運用策略。假如你能讓每一天都收穫滿滿並且有所成果，六芒星也能成為你生活的隱喻——祝賀今天的你，把自己活成一顆閃亮的星。

建立每段時間對你的意義

六芒星模型可以協助我們檢驗吸收和釋放的狀態，而透過定義時間，則可以給自己一個自我探索和挑戰的機會。

我喜歡在每週一啟動自己生活的新實驗，並了解這些事物對生活能量的影響，如果反應好，這件事就會成為我的新習慣。透過每週的實驗與探索，我不僅更了解自己，也培養出更多對自己能完成的信心。

◆ **一些對我有效（或非常有趣）的一週實驗**

熱帶水果風的超鮮豔顏色穿搭	這個實驗讓我的生活每天都充滿夏日聖代般的快樂感。除了為自己創造活力，也給大家帶來快樂！

讀完指定主題的五本書	這是讓我快速擴增對某主題認知力的實驗，也成為我現在快速學習的方式之一。
去三個沒去過的地方	尤其在疫情之後，這個實驗給了我非常多生活靈感，也讓我對自己的行動力更具信心！現在也成為我的每週習慣。
實行一次二十四小時靜默練習	這個練習能幫助我聽見自己內心真實的聲音。
寫出一首饒舌歌曲大挑戰	這個實驗讓我練習從聽喜歡的音樂，到嘗試創作。讓我對原本就喜歡的歌手更佩服，也嘗試了自己從沒做過的事。我現在已經有三首（自己覺得）還不錯的創作歌曲了！

我們在成長過程中，往往忘卻了自由探索、一切新鮮的感覺。透過時間主題的實驗，我們能為自己設定一個安全範圍，在其中大膽地犯錯，安心地說「我不會」。透過這樣的練習，你將會重新發現生活原來如此有趣。

除了週實驗，我也會給自己更有挑戰性的月目標。也許是接觸一些從未接觸過的事情，去無法輕易前往的地方，或是嘗試一種新的運動，讓自己獲得新的刺激和反應。透過月維度的方式，可以做出更大規模的累積，就算發現自己不喜歡，也能有機會練習處理不喜歡的能力。而這些嘗試，能讓我們在嶄新的領域上獲得刺激。

「人生不過四千週，扣掉年幼時期，
我們能主動嘗試的事，
也不過兩、三千件而已，
值得我們為自己的可能性好奇。」

創造你生活中的蘋果

要怎麼找到適合自己的實驗，並更好地定義自己的時間？不妨透過

Apple蘋果原則，一步步認識屬於你的時間輪廓。「眼中的蘋果」，在英語諺語裡的意思是「心肝寶貝」，我們的時間都是寶貝，值得你好好對待。

◆覺察狀態（Aware）

了解目前的時間分配狀況，以及每天、每週做了哪些事情，有助於認識自己的時間使用方式。試著問問看自己：你最享受的時間區段是什麼？你喜歡跟他人相處、還是獨處？你偏好有效率地完成每一件行動，還是漫無目的的探索？

◆優先實驗（Prioritize）

觀察自己安排優先順序的慣性。每個人都會把自己認為最重要的事情，排在優先位置，讓時間分配更加有效率；但是，是否有其他優先順序的存在呢？不妨試試看其他順序吧！透過這個角度，可以幫助你重新思考：「什麼對你來說是最重要的」，進而創造新的可能。

◆**熱情探索**（Pasion）

生活中的哪些時刻，讓你覺得充滿熱情與能量？這樣的時間區塊多嗎？怎麼做，可以讓這樣的頻率或時間占比增加？

◆**壓線管理**（Limit）

坂本龍一說過：「給自己一個deadline是重要的。不管自己有多麼不安，多麼緊張，但是到了那個時候你就一定要上場，人生大抵都是這樣吧。」壓線管理指的是透過限制來刺激自己，以發揮出更大的創意和能量。這種挑戰自我的時間，能幫助我們突破舒適領域，甚至達成原本無法想像的成就。

◆**定期評估**（Evaluate）

定期回顧自己使用時間的方式，看看是否符合自己的期望和需求，並隨之調整計畫，好讓時間更有效率，也符合自己的生活節奏。透過評估，也可以考慮將一些特別有效的實驗，納入固定的習慣之中。

為時間主動命名

作家王瀟定義自己的生活裡頭，一定要有「好看時間」；我有位團隊夥伴，主動發起了「出水芙蓉計畫」，透過有趣的命名和時效性的實驗，幫助自己養成健康、運動、多喝水的習慣，也在和同事們分享後，鼓勵更多人一起加入。

而我呢，曾命名過「志業時間」（用以取代工作時間）、「談戀愛時光」（婚後七年還是要好好談戀愛）、「軟爛歡愉時間」（任何人都需要偷懶）、「技術探索時間」（每週定期研究新工具的重要時間）、「諾曼第計畫」（某個秘密大反攻行動）。

「透過命名時間，
你能主動定義並設計自己要的生活。」

不管這段期間外在世界發生了什麼變化，**你可以為自己決定你要做什麼事**——這樣的主宰力，能讓我們透過行動，持續作為理想的動詞。

活在未來裡——把眼光放遠的意象練習

你也可以透過意象訓練（imagery／visualization），幫助自己活成動詞。這是一種不涉及實際身體活動的訓練方法，僅以大腦的想像進行，透過各種感官（嗅覺、聽覺、觸覺、視覺）的想像，體驗預設過程中的各種情境。美國奧運訓練中心曾透過研究發現，百分之百的運動心理諮商員及百分之九十的奧運選手都使用過各種形式的意象，且其中有百分之九十七的奧運選手認為意象訓練對運動表現有幫助。

建立以「行動」為主題的多重時空宇宙

就算不是運動選手，你也可以嘗試「成功畫面」的意象練習。跟任何年、月、週計畫不同，這是以「行動」為主題的多重時空宇宙。請你讓自己先活在未來裡，想像某一個行動任務，接下來會發生什麼事情——作為主角，**如何成功推動這個任務的完成？接著再以終為始地去檢視自己「現在」應該做什麼，才能實現這個成功意象。**

除了預想成功情境，你還可以盡情發揮想像，模擬各種挑戰，鍛鍊自己「預視」各種問題發生的情境。這樣能幫助自己在準備行動計畫時，一併提前準備好對應行動，或是從情境中探詢核心問題，進而培養自己的策略與問題解決能力。

求學期間，我就曾經透過這樣的方式準備升學考試。我會按照科目的考試時間，準備研讀該科的內容，讓自己更加熟悉當時的頭腦運轉方式和環境感受。迄今，這依然是我準備自己的有效方式。例如之前我必須在台灣時間的早上六點半準備就緒，好在重要的國際會議上進行視訊演講，我便在活動前幾天，刻意地在早晨練習自己的英文，除了意象練習，也讓身體的肌肉記憶準備好，就能更自然而然地完成任務。

透過STEP步驟的意象練習法

我們可以透過S：成功意象（Success Image）、T：扳機點（Trigger Point）、E：目光所及（Eye Contact）、P：身體情狀（Physical State）四個步驟，為自己踏出成功的第一步，實際進行意象練習。

1 為自己勾勒出成功意象

在這個情境中，我達成目標的樣貌是什麼？請透過五感進行模擬，細節越清晰具體越好。

2 成功的關鍵是什麼？

要擁抱這樣的結果，有什麼一定要完成的行動任務？在腦中仔細預想一次自己完美扣下扳機的時刻和所有動作。

3 在這個情境中，你的目光會看到什麼？

讓自己透過腦海，實際地「看見」即將發生的畫面。

4 想像自己在達成目標時所運用到的身體感覺或肌肉狀態

比如上台演講，你的身形、肌肉的樣態是怎麼樣的？如何讓身體與思考同步，專注於行動的完成？

透過STEP步驟的意象練習，讓我們一起回應生命真正的奧秘：**生活不是發現的過程，而是創造的過程**。我們不需試圖解釋自己是什麼人，而是主動成為想要的自己。

▧成功的意象練習

找到一件值得挑戰的目標，例如：上台報告、擔任重要會議主席、甚至告白或進行困難溝通都可以。透過上述的STEP步驟視覺化你的目標，感受「活在未來」裡帶來的變化。

對所有發生都好奇

很多任務對我來說，早已養成習慣和反射動作，可以用五分鐘解決的事情，絕對不花第六分鐘。但有更多時間，我是恣意的、隨興的、自由的。意思是如果我已經知道做一件事情我需要多少時間，除此之外的事情，我便會耐心的、近乎揮霍地放置我的時間，我將之稱為「哥倫布好奇時間」。在這段時間，我很有可能會發現新大陸。

透過好奇，擁抱時間向度的自由

好奇，就是一種從來沒經驗過，但我對這件事有點興趣、有點沈浸，而我想知道更多的狀態。它所帶來的，是一連串對未知事物的渴求。它可以是外向的，探索世界；也可以是內向的，探詢自己。好奇無處不在，可以在工作中發揮作用，也可以在私人生活中產生效果。它可以激勵我們，勇於迎接未知；也可以幫助我們，從消極情境中找到新的視角。

根據我的觀察，許多人對自我處境感到壓力，往往是因為忘記了好奇。這些人很快就放棄新的可能，並認定自己無能為力或是無所適從，時間因此成為了敵人和死線。然而，**時間從來就不是限制，而是一種讓你「成為自己」的輔助力量**。如果你是壓力，時間便會讓壓力加劇；如果你是享受，時間就會實現享受。而透過好奇，則可以讓時間成為感知世界的放大器。

向內探詢，讓好奇幫助你更了解自己

好奇的另一個面向，是在外在事件觸發自己的反應時，選擇向內觀看這個反應是什麼。**人生的每個局面，都有它發生的原因——但是，回應和處理的方式，是可以由自己決定的**。如果這一秒鐘，你確實感覺到憤怒，不妨把憤怒轉換成好奇，好奇自己為什麼會如此憤怒！而就在這一秒鐘，你將不再是事件的被動者，而是主動者。

「無論是憤怒、不平、自憐、受傷……
我們有能力把任何狀態，
轉換成對自己的好奇心。」

無論外在環境發生什麼，我們都是自己思想與情緒的主人，可以主導自己要怎麼反應。我們可以去探索我這個反應背後的需求，看見冰山底下深藏的慾望或恐懼，而在**選擇面對**、**並決定要如何反應的每一刻**，**你都在選擇要成為什麼樣的自己**。我們完全不用考慮別人怎麼說話、怎麼做事，那是屬於別人的修行；但如果是肇因於自己——太好了，剛好可以有新的情境能讓你更了解自己。

我曾經因為失戀陷入哀傷中好長一段時間，直到有一天，我好奇地問了自己一個問題：「究竟是什麼，讓我難過得這麼久？」我不再責怪自己怎麼一直走不出來，而是帶著**善意的好奇**，試圖解答。而當答案撥雲見日，我終於得以走出傷痛的陰霾。從此以後，我明白：**好奇能給時間一點時間，讓過去真的過去，也讓現在就是現在**。好奇，能讓我們與自己的「感受」做進一步的連結。我再也不用給自己「可以傷心」的期限，如果我需要經歷傷心，我就保持好奇深入體驗它；相反地，如果我感到不可思議的快樂，我也可以沒有罪惡感地好奇這樣的快樂從何而來，我值得深刻地享受它。

好奇心就是自己與時間之間的遊戲，讓我們更樂於探索生命中的秘密。因此，無論發生什麼，我們都能感覺到一種熱切活著的滿足感，因為好奇——我發生了什麼事？我還能怎麼做？我能做出什麼樣的選擇？好奇，讓「我」真正活著。

我，就是時間

我曾花了許多時間，想知道時間是什麼——這也是哲學家、科學家與宗教家不斷討論的恆久主題。

馬克思說：「時間不是物理的尺度，而是生產的尺度。」尼采在《查拉圖斯特拉如是說》提出時間不是線性的，「一切美好的事物都是曲折的接近自己的目標，一切筆直的都是騙人的，所有真理都是彎曲的，時間本身就是一個圓圈。」法國哲學家亨利．柏格森（Henri Bergson）在《時間和自由意志》中說：「心理時間和公共時間是不一樣的。」亞里斯多德和牛頓則將時間視為物體運動的度量，認為時間的本質是運動，僅是一種描述物質運動和變化的方式。愛因斯坦認為，時間是一個複雜的、相對的系統，過去、現在和未來都真實存在，而時間就是一種見證，所有的一切都同時存在。就像我們翻閱一本書，從前言到最後，這本書都同時存在著，你可以選擇翻開進入到任一書頁裡。

「時間是線性的、還是迴圈的？時間是現在性的、還是永恆性的？時間是真實存在、具有本質的本體，還是只是一種描述他者變化的方式？」

甚至有人大膽提出「時間不實在論」，認為時間就是變化；沒有變化的，時間就不存在。哲學家麥克塔加特（J. M. E. McTaggart）就宣稱：在一個完全不變的宇宙中，將不存在時間。

時間刻度是人類的發明

一天二十四小時是最全球性的語言。無論你在紐約還是臺北，格陵蘭島還是西藏，只要有基本當代文明認知的地方，時間就是對齊人類社會最簡便的方式，幾點上學到幾點下班，就是當代文明馴化人類的起點。

組成時間的基本單位是「秒」，你以為秒的定義是一分鐘的六十分之一嗎？現行的秒是由1967年召開的第13屆國際度量衡大會所定義，以原子運動來作為定義時間的標準：一個銫原子躍遷振盪9192631770週所持續的時間，定義為一秒。而這一秒的存在是有前提的，銫原子必須在絕對零度時靜止，且地面環境為零磁場。

不同高度也會有不同的時間快慢。義大利理論物理學家、迴圈量子重力理論的創建者之一，卡羅．羅維理（Carlo Rovelli）在《時間的秩序》裡舉出各種科學實驗，證明出**即便在地球之上，時間的流速也並不相同**。山上時間的流逝會比海平面快；甚至放在地板上的鐘也比桌上的鐘走得更慢；每個原子鐘都必須在平均海平面的高度時，國際文明社會公認的一秒才能真正一致。

或許對於時間的各種討論，沒有人比奧古斯丁在《懺悔錄》說得更透徹——「那麼時間究竟是什麼？沒有人問我，我倒清楚。有人問我，我想說明，便茫然不解了。」

當我試圖閱讀各種學派對時間的詮釋和定義，當我「花時間」理解「時間是怎麼被發明出來的」，我只理解到：沒有任何一個人能說清楚「時間」是什麼。這點幫助我看見了當代時間的荒謬性和幽默性。

「時間其實並不統一、並不均勻、並不等速。甚至，再顛覆地想，時間其實一點也不客觀，可以說是主觀的體現。」

時間的單位化，本身就是出於人類的企圖，甚至可以說是某種策略。

時間，是自由的

在「時鐘」被發明以前，時間並不是以二十四小時的方式，被人類所感知與經驗。人類的活動循著太陽與月亮的週期運作，一年不是三百六十五天、一天不是二十四小時，而是對應宇宙天體的自然運動。**曾經，人的生活不是依賴時鐘和日曆，而是仰賴對自然的觀察和理解。**

我曾在某場新書發表會上，聽到一個很美的例子。如果你問海邊的漁夫每天幾點要下海捕魚？他不會說下午三點或是晚上七點，他只會告訴你：「等海水超過那顆大石頭的時候，就可以下去了。」為什麼？因為每天的潮汐時間都不一樣，而潮起潮落，從來不是時鐘可以左右的。宇宙的真相是海洋有自己的節奏與頻率，每天都不一樣。

因此，無論時間是什麼，時間自身的難以界定性與混沌性，讓我在徹底研究之後反而得以解放，也輔助我建立個人的時間觀——我的時間，就是我的自由。

「我，就是時間。
我既身處時間之中，時間亦身處我之中。」

我理解外在世界對於時間的解讀，但當我把自己活成動詞，就如同動詞具有時態，我當然也擁有這樣的動能和自由，創造出只屬於我自己的時間定義。

我的時間應該是認可我，而不是限制我。因為——這是我的人生，這是我的時間。

Chapter 3

ENJOY

無論如何，
都要享受自己的人生

「幸福是一種方法，不是一樣東西；
是一種才能，而不是目標。」

——赫曼·赫塞

透過「初學者心態」，讓每一天都是新的

以「正向心理學」這門課大受學生歡迎的哈佛教授塔爾．班夏哈（Tal Ben-Shahar）曾說過：「若想擁有更高的智識幸福感，就必須對所有知識保持『初見面』的心情。」這種初見面、第一天的感覺，就是「初學者之心」。

你還記得自己第一天踏入新的學校、新的辦公室的那一刻嗎？那種既興奮又緊張，既期待又忐忑的感覺，好像一切都是新的，好像自己無所不能又什麼都不會，好像自己終於要開始創造一些不同？

我經常回憶那些第一天的感覺，然後我發現——其實可以把每一天都過得像第一天那樣。

這輩子只會有一次「今天」

時常有人詢問我能量管理的秘訣，包括我的另一半也常常驚嘆——「為什麼你每天都這麼有活力？」、「創業明明這麼挑戰，為什麼你都不會累？」、「為什麼你好像都很開心？」

這些提問，都是讓我再一次檢驗自己的機會。我是不是真的充滿能量？我是否真的樂在其中？然後每一次，我都能再次確認——是的，此時此刻，我真正享受著我的生命。而秘訣是什麼？我想，有一大部分就是因為我把每一天都當作是新的。

即使今天跟昨天沒有什麼不同，我們也可以透過心境的轉變，把每一天過得像新的。初學者之心，帶來的是一種崇尚學習的態度，勇於面對未知，擁抱改變。**對任何事情保持初心，不僅能讓自己保持清醒、好奇與感激，也能在面對新挑戰和機遇時，始終保持敏銳和謙遜。**

許多人到了一定年歲，便把生活過得重複，依賴曾經的成功經驗，或是被過去的失敗所限制，而失去曾經蠢蠢欲動、無所畏懼的自己，就像作家羅曼・羅蘭的形容：「大部分人在二三十歲後就像是已經死去了，因為他們都只是在模仿自己，日復一日，更加機械，更加裝腔作勢地重複他們在有生之年的所作所為，所思所想，所愛所恨。」

但是，我們這輩子就只有這一次今天，每一天也都是人生唯一一次、最後一次的今天。每一個今天，都是新的。

「若能懷著『初學者』心態，每一天對你我來說，都將只如初見。」

當我走進辦公室，我看到的每一個人，我的第一聲招呼——嗨！就是全心全意地充滿真心的問好。每一次的週會、月會，對我來說也不是重複的「另一個」會議，而是一次全新的機會，讓我重新認識每個人，並實現自己。當我每天起床看見另一半晨起的模樣，我們總是會給彼此一個屬於今天的擁抱，像是從來沒有擁抱過那樣。

「我喜歡他從四十七歲開始追尋新世界的模樣。」毛姆在《月亮與六便士》裡，輕描淡寫地寫下這句讓我印象深刻的話。不管你現在幾歲，無論你在什麼處境，每一天都有可能是讓你實現自己生命意義的那一天。

人可以不是一成不變的、定型的、固定的重複性存在，每一天我們都可以是新手，開放、自由、願意嘗試，並且充滿可能。

設計習慣，讓活著更輕鬆

曾聽過有人說：不要挑戰人性。比起符合社會期待的不斷努力，我更相信順應本性，有更大的機會能讓我們享受生命。或許在某些人眼裡，我好像很努力，但我知道自己的生活方式其實是毫不費力（effortless）的輕鬆主義。

「我大量運用習慣的力量，透過內在導航系統前進。」

我從對腦神經科學的探究中，獲得了一個重要的概念：**一旦讓某些事**

進入習慣之後，我們的大腦與肌肉就能毫不費力（不耗損大腦神經元）地進入到自動導航的模式，並減少大腦耗能。就像賈伯斯發表時僅穿黑色套頭毛衣，祖克柏宣稱衣櫃中只有同款式的灰色棉T一樣。這樣的習慣，有助於減輕大腦認知和選擇的負擔，讓你把腦力花在真正需要的事情上。

有一部分的我，非常熟練於所有事項之於我所需要的時間，我會為它們事先安排好最佳路徑，讓我的大腦慣性與身體肌肉幫助我自動導航。我知道自己寫一篇稿子的平均速率、準備一場演講所需要的時間，甚至過一條馬路優雅步行所需要的秒數。在工作場域或家裡，我也會安排好一個物件與一個物件中間的最佳路徑，為自己打造出工作與生活環境的最佳動線。

為自己打造被好習慣包圍的小宇宙

《為什麼我們這樣生活，那樣工作？》中提到，人的生活有40％的行為是被「無意識的習慣」所組成，而剩下的60％又常被「慣性思考的習慣」所限制。我們的習慣構成了我們的生活。如果想要打造自己的「理想生活」，就需要「有意識」的設計、培養、並實踐自己想要的習慣。

我花了很多時間在設計並實踐自己的習慣，有挑戰的、有療癒的、有澎鬆可愛的、也有奮發圖強的，這些都是我想要的自己。而建立習慣的方法非常簡單。只需為想要建立的習慣，設定出以下這個循環：行動（cue）＋重複地做（routine）＋獎勵（reward）。只要一次又一次地實行下來，就能內化為毫不費力的習慣。

有人說建立一個習慣只要21天，也有腦神科學家說需要66天，但我認為那都不重要；重要的是，我們要習慣於訓練自己的大腦去擁有「主動性」這件事。透過習慣的建立，就能讓你成為自己享受的動詞，創造理想的人生。

「有意識地打造自己的習慣，
就是讓自己對自己的生活更有覺察，
也更有主動性。」

在女人迷，我最常給直轄夥伴的建議，就是要為自己建立至少一種運動的習慣，飲食則是我最喜歡的習慣之一。在覺察自己狀態不好的時候，也要為自己準備一些能復原的習慣。

「好好工作與生活的前提，永遠都只有一個——要有能力照顧好自己的身心靈。」

利用HEART心動探問，為自己建立好習慣

透過身心健康（H）、環境創造（E）、行動導向（A）、獎勵機制（R）和時間基底（T）五個面向，能讓你看見自己的需求。順應天賦流向，建立適合自己的習慣，就能創造更輕鬆的生活。

◆身心健康（Healthful）

■我有低潮預防雷達嗎？我能主動預防低潮嗎？

■如果我正處於低潮，我知道怎麼為自己準備降落傘或是安全網嗎？

■我的習慣是否能夠帶來正面的情感或情緒？如果不是，該如何調整我的習慣以讓自己更加滿足？

■我擁有至少一個餘生都願意投入時間鍛鍊的運動，以及與收入無關的休閒項目嗎？

■我知道自己的身體適合吃什麼嗎？

■我知道攝取怎麼樣的食物，能幫助自己更有活力、覺得更輕盈嗎？

■如果我非常快樂，我知道怎麼樣放大擴張自己的幸福感嗎？

◆環境創造（Environment）

■怎麼樣的環境，能讓我感覺到自在和擁有安全感？

■如何將環境設計得與目標相符，以幫助我更容易實現目標？

■我可以如何利用環境來強化已經建立的習慣？
■如果我身處一個陌生的環境裡，我可以透過什麼方法建立安全感？
■我如何擴大自己的舒適圈？

◆行動導向（Action）

■哪些習慣我應該停止？
■哪些習慣我需要開始？
■哪些習慣我應該要保持？
■我怎麼設計每日行動，來促進這個習慣的執行？
■我是否需要進行定期的紀錄或追蹤，以便管理這個習慣的進度？我喜歡每日、每週還是每月呢？
■如果執行習慣時遇到困難，我可以如何改變行動或策略，以達成目標？
■我知道自己在行動上最容易產生延誤的原因是什麼嗎？我知道該如何避免嗎？

◆獎勵機制（Reward）

- 我可以設計哪些獎勵，來讓自己更有動力建立習慣？
- 我是否需要將獎勵和行動進度相連結，以激勵自己繼續執行習慣？
- 該如何設計獎勵系統，讓我得到滿足和成就感？
- 我喜歡具體明確的獎勵，還是抽象的、非物質的獎勵？
- 我如何在習慣建立過程中，發現自己的能力和價值，以提高自信？

◆時間基底（Time-based）

- 我是否建立對自己時間的記錄（time log）？
- 我清楚自己做某件事需要花多少時間嗎？
- 我可以把習慣養成時間，固定在每天的特定時段嗎？
- 我可以把習慣養成時間和其他任務整合在一起，更有效率地完成它們嗎？

外部化資訊，解救資訊爆炸的大腦

資訊過載時代，學習如何有效地外部化資訊並卸載大腦認知（cognitive offloading）、減輕大腦的記憶負擔，成為現代人必備的技能之一。

外部化資訊的方法包括：動手寫筆記、透過圖表進行視覺化思考、使用心智圖、Notion 等應用程式等等。簡而言之，就是透過任何方式，重新記錄並整理你的想法。外部化資訊的動作，除了在當下卸載大腦認知以外，更可以讓你有機會以不同的形式，掌握並連結真正重要的資訊。

整理的目的，在於連結思緒與行動

透過內容的重整與記錄，能幫助我們學習如何在有限時間內，有效率的融會貫通。著名的理論物理學家和諾貝爾獎得主理查・費曼曾說過：「筆記

不是我思考過程的記錄。筆記就是我的思考過程。」換句話說，他不僅透過筆記將資訊外部化，還進一步透過「手寫」的動作，刺激自己的感官，誘發身體聯覺，並促進思考品質。

在演講、會議、閱讀、上課時所做的筆記，也是一種**積極聆聽**（proactive listening）的練習。這裡談論的「聆聽」，不只是被動地將聽見、看見的轉化為文字，也包含如何從中，為自己主動挖掘出洞見。

AI時代來臨，筆記勢必會有新的定義。但一份對你有幫助的筆記，絕非逐字稿，也不僅僅是從逐字稿中萃取出摘要——這些事情AI已經可以完美且精準的實現。**好的筆記能幫助我們卸載並轉化新資訊，進而培養覺察力並發展出行動，也是一種讓你能與講者、作者和自己進行對話的動態過程。**

「筆記，是一種對話方式。」

當然，有不少聲音質疑筆記的效果，我也相信每個人都有最適合自己的方法。不過，如果你想嘗試用筆記外部化資訊，不妨就從下一次演講或閱讀時，使用以下的QUEST原則，幫助自己成為一個動詞。

依循QUEST原則，動手做筆記

Quest是追尋的意思，透過筆記方法，可以追蹤自己的聆聽成果，並推動下一步的積極行動。以下以參加演講為例，說明QUEST原則如何實際應用。

◆建立問題意識（Question）

「現在，我最想知道的事情是什麼？」

這個問題可以幫助你保持好奇心和主動學習的態度。如果你對主題無感，可以觀察講師的說話風格、聽眾的反應、大家提問時都問些什麼？你甚至可以好奇自己為什麼完全不感興趣。重點是，為自己找到這個時間點，你存在於這裡的意義是什麼。

◆了解自己不知道的（Understand）

「關於這個主題，我還有什麼事情是還不知道的？」

「知道自己不知道什麼」本身就是挑戰，在進行筆記時，先主動思考自己的已知為何，以及最重要的——發現並承認自己的未知。別忘了保持初心，只有清空的杯子才有機會承接新倒入的水。

◆延伸問題意識（Expand）

「除了今天的演講和內容，我還觀察到其他什麼？」

這個問題可以幫助你開啟觀察力，並在過程中收獲更多。在同一時間、同一個講臺，你能看見的細節有多少？在內容以外你還能聯想到什麼？

◆**提出下一步解決方案**（Solutions）

「我現在聽到的內容，有機會幫助我在什麼地方、如何運用？」

所有的學問都需要場景，才能更生動地運用在自己的工作或生活裡，透過這樣的思考，也能增強記憶與專注點。主動思考應用場景，並將所學導入下一步的行動。

◆**連結相關領域**（T-ie in）

「今天的主題，跟其他領域的題目能有什麼關聯？」

很多人以為時間有限，最好是放在感興趣的題目上，但事實是——如果你願意敞開自己，很可能會發現其實所有事情都彼此相關，**萬事皆互相效力**（all things work together）。許多科學的突破或是偉大的藝術傑作，都來自於意外的靈光乍現。主動進行跨領域思考，能更有意識地為新學習到的知識與既有的資料庫建立連結。

除了你以外，沒有任何人能浪費你的時間

當你遇到某場演講或讀到某本書，讓你感到一無是處、毫無重點，不能滿足你的期待時，不妨嘗試轉換角度，主動觀察你認為這件事沒有被做好的地方。透過筆記，你可以多方探索、思考，並想像如果有一天，是你要處理這個主題，怎麼做會更好。

請注意：這個方法不是要你去指責別人的不足，而是回歸到怎麼讓成果更好。**當我們把焦點從對他人的批評，轉為如何讓這件事進步，將會變得更專注，也更有耐心**。如此一來，你就能在所有場合發掘出對你有用的訊息，並發揮自己的創造力。

我當然也經歷過讓人崩潰的演講或會議；在這樣的時刻，我會開始有意識地練習自己的耐性與脾氣。南懷瑾曾經說過，最好的時間運用就是修行。想想，原本令人髮指的時間，竟然搖身一變，成為能讓自己修行的時間，不也挺有趣的嗎？

「在同一段時間，當其他人感覺到
『時間被浪費』時，你將能感受到
『我知道為什麼現在我在這裡』。」

這樣的轉變，將為每個時刻帶來源源不絕的滋養，讓人在有所成長的同時，還有機會更快樂、更有能量。請記得：只有你能浪費自己的時間，沒有任何其他人能。在任何時候，你都能讓自己不是被動的接收，而是主動開創自己想要的，並享受任何時刻的自己。

聚焦內感受，讓自己擁有更多

科普作家安妮．墨菲．保羅（Annie Murphy Paul）《在大腦外思考》中提到：「如果我們能意識到內感受訊號，就能做出更理想的決策，遇到有壓力的狀況，也更容易恢復。」

許多工作者經常因為時間壓力而感到不安，根本原因有時並非是「時間真的不夠」，而是缺乏應對壓力的多元能力，以及對完美無限上綱的追求。光是把時間拿來處理自己的焦慮不安、對未來不確定性的恐懼，就足以讓人精疲力盡，甚至懷疑自己可能根本無能為力。

在開啟內感知系統的狀態下，我們不僅能運用大腦做出思考、判斷；還能透過「感覺」去探察線索、加強直覺；透過外部環境感知新的刺激；甚至無論你是內向者或是外向者，都能從人與人之間的交流相處中，察覺到意想不到的決策訊號。

「培養出內感知力，會讓我們猶如擁有三頭六臂、千手千眼一般，有更高的機率能跳脫焦慮迴圈，並平靜地面對挑戰。」

下一篇將分享如何透過三組練習，開發自己的內感受力。在這裡，我們可以先實際來體會看看，跳脫大腦思考的「內感受」是什麼。

▧ 聲音同心圓練習

請你閉上眼睛，以自己為圓心，嘗試聆聽周遭的聲音。

先從遠方開始，試試有沒有辦法聽見一百公尺以外的聲音？再試試五十公尺、三十公尺、三公尺，最後，有沒有辦法聽見自己的呼吸聲和心跳聲？

嘗試從遠而近的聆聽之後，再反過來試試：從最近的聲音開始，讓自己的感知像同心圓一樣往外擴張，你能聽見的有哪些？

透過專注聆聽，開啟新的感官知覺

閉上眼睛、傾聽不同距離聲音的練習最早來自於我大學修習的導演課，這個動作可以讓我快速回到當下，並意識到環境中充滿因為忙碌而充耳不聞的各種聲響。我們的周遭充滿訊號，有時必須開啟其他感官才能發現。

「有意識地去練習『聽』，從此你就能聽見更多的聲音。」

聲音的存在，會為我們帶來不同向度的感受。全世界最安靜的地方是微軟的一處實驗室，負責人蒙羅表示：「當門關上後，你會得到一種非常獨特的體驗。當你停止呼吸，你可以聽到你的心跳聲，甚至血液在靜脈裡流動的聲音。」

至於總是尋求清靜的現代人，是否喜歡這樣絕對的安靜？事實是：「大家都說沒辦法待在那裡。它讓幾乎每個人都非常不安。他們可以聽到對面另一個人的呼吸聲，甚至聽到自己胃的蠕動。有少數人甚至會感到頭暈眼花。」

而聲音同心圓練習，除了培養內感受力，也能修持安靜之心。國學大師南懷瑾先生曾分享過如何透過聆聽，訓練自己達到「耳根清靜」的境界：「耳朵聽到外界種種音聲，雖然非常吵鬧，但六根意識不動，與你如同兩個世界，毫不相干，鬧市就同山林一樣，內心自然就靜了，何必再去求一個靜的境界？……觀音菩薩的法門是從音聲而入道的，所以叫觀—世—音，要你身心內在的體會觀察，世間一切聲音都可以幫你，使你入道而悟道。」

向外而聽，向內而聽，你是所有聲音的圓心。練習聽見，也練習不聽見，在同一個時空宇宙裡，內感受將為你開啟全新的理解與視野。

透過SYN練習，讓你的身心同步

若想要主動開發內感受，進一步連結自己的身體並擴大感官能力，可以來試試看適合每天進行的「SYN練習」。內感受力不是「特別敏感」的少數人才具備的能力，只要願意主動打開自己的感官意識，人人皆能有之。

Syn的字首源於希臘文，意思是「協同、一起、同時」，透過以下三組練習，將能做到更好的身心同步，並享受每一刻的生命。

以Stretch伸展練習，與身體重新連結

在忙碌的生活中，我們常常忽略了身體的需要，直到身體開始出現不適或病痛時，才開始關注它。要維持固定運動習慣需要恆毅力，但伸展練習相對門檻較低，只要想要就可以開始。如果你願意每天晨起和睡前，給自己十

分鐘，一定能更好地與自己身體產生有意識的連結。

在伸展的過程中，**請專注於呼吸和伸展姿勢所帶來的身體感受，這樣才能真正地和身體產生關係**。我建議從頭到腳都要練習：頸椎的上下左右、左右手指頭的開閉張合、腰椎的左旋右旋、腳指頭的用力與放鬆。透過專注於當下的感覺，你能夠更深入地了解自己的身體，並且感受到其所擁有的能量、注意力和彈性。

讓我最驚嘆的是，當我伸展自己的筋肉骨骼，就會開始感知到自己身體在宇宙之間所持有的空間向度。人體是一種以「圓型腔」的形式、占據空間的三維柱體，身居其中的你，還有哪些可能或限制？身而為人是一種不可思議的幸運，每分每秒我們都能透過身體的內在與外在，在大腦還「來不及」思考前，就自然而然地創造、存在且適應於目前身處的時空。

用 Yawn 打呵欠練習，幫助自己快速放鬆

我們每一刻都在「呼吸」。吐納之間，就蘊含了生與死的哲思奧義。深

吸深吐不僅能幫助氣息進入身體更深處，也是無論何時何地都能進行、回歸當下的練習。

「最深的呼吸、同時也是最舒壓的呼吸方式，莫過於『打呵欠』。」

很多人以為打呵欠是因為疲勞、無聊、飽餐或缺氧等情況，但令人訝異的是，目前還沒有任何正式的科學研究，能解釋打呵欠真正的生物功能。生物學家們僅知道打呵欠是非常古老的生物機制；至少可回溯到魚類出現的5億年前，脊椎動物便已經擁有這個中樞神經反射機制。我們唯一可以確定的是——打呵欠能幫助生物進行深度又快速的放鬆，同時為自己補充大量的氧氣。但我不只一次驚訝地發現，有非常多處在壓力之下與緊繃情緒的人，會「忘記」怎麼打呵欠。

好好打一個哈欠，最大化你所能吸收的氧氣：把嘴巴盡力張大，隨之牽動臉部的肌肉。讓大量的空氣流經喉嚨、吸入肺部；當感覺肺部徹底吸飽空氣時，再一口氣吐出。一次打呵欠的時間大約為6秒。透過練習這個動作，你可以觸發自己在任何狀況下依需求打出呵欠，進而幫助自己來場最深度的身心放鬆。

觀察自己怎麼打呵欠的同時，也可以同時關照自己如何運用全身的肌肉。這是林克雷特聲音系統給出的提醒：觀察看看呵欠的方向，是「垂直式」、還是「水平式」的？如果你能在打呵欠的時候注入更多意識，就有機會重設自己的呵欠運動過程，更有意識地延伸臉部肌群。

看看身邊的貓貓狗狗，甚至爬蟲類、魚類都會打呵欠。觀察牠們是怎麼運作自己的身體，沒有任何一種動物會忘記如何打呵欠的。**休息是我們作為生物的本能**。

練習打呵欠，是一種非常簡單，又可以輕鬆回歸當下的身體經驗。

透過 Notice 感官注意練習，感知當下之美

一行禪師在描述「橘子禪」的畫面極美：

「當我以正念拿起這顆橘子時，我也與奇蹟接觸。請試著吃這顆橘子，它不只是一個普通的水果，它是一個奇蹟。如果你真的在『這裡』，你可以看到這顆橘子是一個奇蹟。如果你真正地專注於橘子，你可以看到那棵橘子樹，白色的花，雨水和陽光進入它的內部。它們依然存在：白色的花，橘子的花朵，仍在這裡。雨水、霧氣和陽光持續地經過它，然後你開始看到一個非常小的綠色橘子。日夜持續經過它，它因而繼續成長。最終它獲得這個美麗的形狀。整個宇宙聚集在一起，產生了這個美妙的奇蹟——這顆橘子。只有在正念和專注的情況下，我才能識別出橘子的奇蹟。因為我是真實的，橘子也是真實的。」

為自己進行感官注意練習，放大五感的覺察。一行禪師的透過「橘子」修禪，而你可以把橘子換成任何你熟悉或不熟悉的飲或食。

在進食時，先專注觀看眼前的食物，喚醒自己的感官覺知，感覺食物的

氣味、溫度或觸感，感覺到自己與食物之間的關係後再開始品嚐。

「即使是再日常不過的用餐，都能幫助我們回到當下，並與自己感官交合。」

透過這個練習，你所品嚐的將不再僅是食物本身，還有一切幫助食物來到眼前的人、事與自然。你能感受到吃與活著的關聯、身體與世界的關聯，甚至品嚐到時間的流經。你會對存在更有意識，並像一行禪師般，感覺到每一刻無所不在的奇蹟。

每個人都能為自己創造心流

現在廣為人知的「心流（flow）」，是在1975年由心理學家米哈里．契克森米哈伊（Mihaly Csikszentmihalyi）提出的概念，以他為始，開啟了一連串關於心流的研究，心流也被認定為人類能體驗幸福的最優狀態。

心流是天人合一，你會感覺到自己的消融，以及完全的存在。心流是庖丁解牛；心流是莊周夢蝶；心流是你與身體和意念的百分之百連結。德國哲學家呂迪格．薩弗蘭斯基（Rüdiger Safranski）在《時間之書》中提及：「當人必須全神貫注才能完成某一件事，他就會讓時間自己消失。」

心流指的是像這樣的永恆於瞬間，瞬間於當下的無限膨漲，你會發現時間真的可以無限大，而心流正是開啟這個無限宇宙的關鍵開關。

心流，是人人皆可抵達的狀態

根據契克森米哈伊的研究，實現心流狀態包括兩種特性：獨特性和複雜性。獨特性指的是在這個活動中，能體驗到自我價值，感受到「唯我不可」的與眾不同；複雜性則表示這個任務不能過於簡單，需要有足夠的刺激與克服，讓你感受到挑戰與自我實現。

根據以上這個定義，**我們可以理解心流不會發生在毫無挑戰性的日常休閒裡，心流會發生在自我突破與超越之中**。想要感受心流的超凡入聖，就必須選擇具有挑戰性、也讓你深感好奇的任務。

許多專家和學者提出各種心流體驗模型，其中我認為八區間模型（Massimini Fausto & Massimo Carli, 1988）[2]，不僅適用於分配團隊任務的參考，也能幫助個人解構工作任務。

2 這兩位學者結合研究數據，對挑戰與技能的關係做了梳理。位於第二區的心流狀態，為最佳心理體驗。

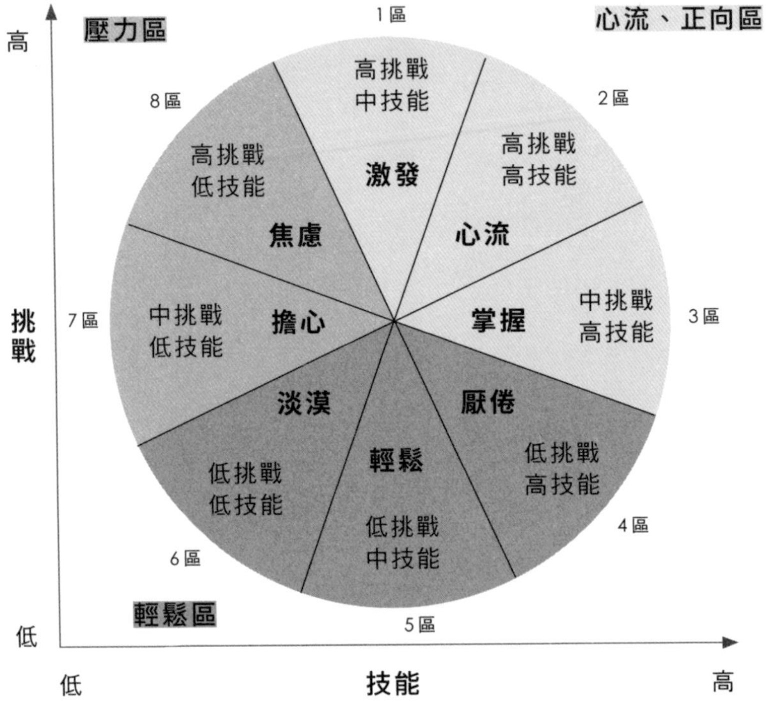

心流體驗分區圖

（Massimini Fausto & Massimo Carli, 1988）

以上八種工作情境，只有八分之一是所謂的心流狀態。有八分之三的機會落在「正向區」，還有八分之一是「輕鬆區」。當然，實際的生活就是：我們不可能每一件事都能落在右上角1～3區，甚至多數時候，我們所處理的每一個項目都無法落在那裡。所以關鍵問題就在於——無論我的工作是什麼、無論能力為何，我們該如何為自己創造心流？

所有情境都能是心流區間

心流是大師的標配，但我相信只要正確拆解自己的工作情境，心流是人人皆可抵達的狀態。

如果你是一個積極追求成長的人，很有可能會經常落在上圖左上角的7至8區：你很容易發現自己的不足，並感到擔心與焦慮。

「最好的做法，
就是拆解並可視化自己的任務。」

無論你的挑戰有多麼艱難龐大，只要把複雜任務拆解成一個個微小且可以實現的項目，就能從單一小項目中培養輕鬆感與掌握度，為自己累積小而確實的勝利（small win）。

這也是為什麼幾乎所有時間管理書籍會提出要做好時間管理，第一步就是列出每天的待辦清單：把看似混亂的各種項目，轉換成可視化的清單。

請你先把「高挑戰」的「模糊概念」，轉換成「低挑戰」的「行動清單」，光是這麼做，就能給予我們的大腦神經正向回饋——我可以掌握它，進而減少擔心和焦慮。**只要看得見，就能夠管理和控制它，這也是可視化重要的地方**。

如果你更多時候發現自己處在4～6區，那表示你的任務挑戰度實在太低了！有兩個行動可以為自己而做。

1 **勇敢地為自己舉手，爭取更具挑戰的任務**。也許你會想「何必呢？讓我們一起安靜離職[3]吧，別在工作上花費這麼高的精力。」這當然是一種人生選擇，但對我來說，生命誠可貴，如果我的工作「只是個工作」，無法讓自己享受而且無法從中建立出部分的生命意義與存在價值的話，我很可能會因為生活的大部分時間必須進行低挑戰且無意義的事務，而無法感受到心流帶來的創造感與幸福體驗，對我來說，這才是真正的浪費時間。

2 在這些工作任務中，主動為自己設計出中等到高挑戰的維度。為自己主動創造挑戰！

將無聊瑣事轉化為中等挑戰

剛進入職場時，我是外商電影公司最小位階的專員。我胸懷大志，滿腔對電影的熱愛，然後發現自己必須處理非常多傳統定義的「小事」，包括搬好幾公斤的電影海報，還要不斷地在幾百幾千張電影票上蓋鋼印。即便到現

3 安靜離職（Quiet Quitting）是一種職場現象，員工只完成工作的最低需求，專注於照顧自己和工作之外的生活。此一概念最早由經濟學家Mark Bolger在２００９年提出，後因一位工程師在TikTok分享而引起廣泛討論。新冠疫情加劇了這一趨勢，尤其在Z世代年輕職場工作者中。

在，每個創業者都明白所謂執行長也等於打雜長，要做各種看得見和看不見的瑣碎事務。

我有兩個選擇，一個是抒發自己的負面情緒，在做這些「小事」的時候滿嘴抱怨，覺得自己的時間與才華被浪費，埋怨自己為什麼還要做這些事？另一個選擇則是從中**探索工作的意義**，並為自己找到**挑戰性**和**影響力**。無論我是小小職員，還是大大執行長，我都是選擇後者。

每一次要搬海報的時候，我都會去測試搬海報的最佳角度，怎麼搬最省力？如果公司沒有預算買拖車，怎麼樣利用現有工具去找到最輕鬆又能保護自己的方法？優化方法的過程，就是轉化「低挑戰」任務為「中挑戰」項目。幫電影票蓋鋼印時，我便好奇蓋鋼印最好的張數是幾張？多了有些電影票鋼印蓋得不夠深，蓋得少又太沒效率。我想像自己像個握壽司師傅，鍛鍊自己空手拿電影票的張數，每一次都可以透過敏銳的感知和經驗拿出固定克數的醋飯。每一次蓋鋼印，我都視為給自己的闖關遊戲：同樣是兩千張票，今天的我能不能比上一次蓋得更快？

「把被視為『無聊不需要大腦』的瑣事，
轉化為好玩又能自我突破的遊戲。」

把自己活成動詞，也是練習在各種情境發揮自己的能動力。而現在的我，更因為長期需要處理許多高挑戰的事情，而會把那些低挑戰的事轉化成放鬆的小樂趣。你以為我在處理雜事，其實我正在自己的快樂小宇宙。

替自己的時間斷捨離

你是否常常覺得自己的時間被各種通知所占據？要為自己創造心流，建立無干擾的環境非常重要。這需要我們學會**如何與外界劃清界線**，**並為自己設立結界**。

我的手機通知永遠是關閉的，工作或生活上常用的即時通訊軟體，也從來不開啟通知，目的就是創造一個不被外界干擾的時空。相對地，我會在每段工作之間，留下一段訊息回應時間。當我回應訊息時，就是百分之百的回應；而當我在工作和生活時，也是百分之百投入，不會讓自己有機會被手機傳來的訊息分心。

「達成心流的重要條件之一，
就是全身心把注意力放在正在做的事情上。」

滑手機滑到忘我不是心流

特別要說明：滑手機滑到忘我不是心流，而是上癮。

滑手機無法帶來更高的存在價值，也無法帶來因自我超越而滿足的成功體驗。但滑手機能夠帶給人類「快感」。因為人類大腦天生傾向關注刺激，對於閃動快速的資訊會產生興奮和好奇，並在看完後得到「我知道新資訊了」的短暫滿足。近來眾多心理學調查顯示，這樣的快感是短暫而空虛的，幾乎所有軟體的互動設計的最終目標就是讓人上癮。一旦成癮，你需要花更長時間盯著手機或社群媒體，才能得到更大的刺激並排解空虛——就跟毒品一樣。

「為了避免手機成癮，
我能給你（還有我自己）的最佳建議是——
設立定量的滑手機時間。」

大量訊息產生的多巴胺刺激，已成為當代人類的普遍需求。如果我真的感覺到對手機渴望非常，我會為滑手機設定五到十分鐘的計時器。在這五分鐘裡，就恣意享受滑手機的快感，但五分鐘之後，當鬧鐘響起，我會告訴自己：親愛的，放下手機，生命還有更多值得你關心的人和事。

或者反其道而行，把滑手機時間當作完成一項艱鉅任務後的獎賞。大腦很愛這樣的快感，好！那我就主動把這樣的快感設計為挑戰成功後的鼓勵。大腦為了未來的興奮感，就會幫助我又快又好地把該做的事做完。

以上兩個方法，是在面對手機時，主動掌握難以抗拒的刺激，並化被動為主動的具體方式。

斷捨離那些無法讓你更好的時間

要擁有生活的主動性，除了練習暫離手機，更需要定期檢視自己的時間分配。練習時間斷捨離，就是「我」和「我的時間」的對話，可以從日、週、月、季、年等不同時間維度入手。

1 哪些時間，是你想要開始的？

2 哪些時間，是你想要停止的？

3 哪些時間是讓你喜愛享受，並希望能一直存在著的？

這三個檢視維度，是用於建立組織原則的首要步驟，也可以用於自己的生活之中。想要活成動詞，就得先與自己的時間，建立有意義的關係。

全球知名的整理諮詢顧問麻理惠曾說過：「**整理的最終目的，是為了怦然心動地過每一天！**」做完時間斷捨離後，多出來的時間，就為自己開發一些可以讓你感覺到快樂的生活習慣吧。為自己蒐集怦然心動的時間，就能讓每一天都更有能量與動力。

建立你的環境

動詞是行動的表示，是人類與世界互動的基礎，而空間則是行動發生的場所，是人類行動的場域。把自己活成動詞，就是思考自己作為動詞的空間性，意思是：如何能在工作和生活的空間中，具體實現你的行動。

空間可以分為抽象的知識系統空間，以及你具體身處的移動系統空間。建立自己的知識系統，可以幫助你建立屬於自己的索引。在《第二大腦》這本書裡，作者揭露典型知識工作者每天平均花費百分之二十六的時間在搜尋和統合分散於多個系統的資訊，而他們可以找到所需資訊的機率只有百分之五十六：這意味著如果每週上班五天，光是要找到所需要的資訊，可能就會花掉一個工作日，而且成功機率只有一半。

以下兩個簡單的方法，可以幫助你擴充知識系統空間：

◆尋找任何「更大」的空間

科學已證明：「使用較大的顯示器時，能提昇思考能力。」任何「更大」的空間、牆面、桌面，都有助於擴張大腦的運作效率。為自己創造空間，包括為自己增加思考「版面」。我有本半張書桌大的筆記本，許多團隊會議也熱愛在白板上進行腦力激盪。你的世界有多大，心就有多大，所以光是擴大自己的空間感，就能打開你的視野！

◆建立收納的好習慣

環境本身就能幫助思考。當我們主動塑造出自己的理想環境，思考也會因此更有效率。不論是實體或虛擬的定期收納，均有助於緩解壓力和焦慮，並可以透過收納為自己建立「最佳路徑」。以料理為例，如何在火爐、調味料和鍋具之間，創造伸手即得的空間感，能讓我們在煮飯時充滿順手的暢快感。而紛雜零散的雲端資料、桌面上的電腦檔案，也需要像這樣的路徑規畫，才能讓工作進行得更順暢。

以下則是兩個幫助你打造具體空間的方法：

◆**建立自己的第三空間**

在家庭與朋友圈之外，建立自己的第三空間。可以是只有自己知道的心情庇護所，或是能帶來靈感的地方。

第三空間最好有三種不同的距離：在自己住處與辦公室附近（十分鐘內可抵達）、不同城市（從住處出發，兩小時左右可抵達）、世界地圖之上（搭乘火車或飛機後可抵達）。如此一來，當突發狀況出現時，你便可按照自己狀態和事件影響範圍，找到你當時需要的移動路徑。只要你啟程前往那個地方，你就會是安全的、受到歡迎的，在這個偌大的世界中，你可以有不只一個屬於你的容身之處。

◆**走進自然裡**

太多科學實驗證明，人類只要走進自然中，就能脫離負面情緒、減輕壓力，甚至提升記憶力。不論是去公園散步、凝視起伏的海浪、爬爬山，讓自己身處自然中，越綠越好！

如果短時間之內無法移動或上山下海，就讓環境裡多一些綠色植物吧。就算沒有辦法進入自然，光是看著綠色植物，也能為我們帶來勃勃生氣。

讓自己活成動詞，創造一個**充滿能量和效率的時空環境**，是我們享受生命的關鍵。透過開發聯覺能力，開啟身體感官的連結；為自己創造各種心流狀態的機會，感受時間消融的奇妙驚喜和自我成就感。當你擁有能力享受自己身而為人的美好，你會發現此生真值得，一切都快樂。

Chapter 4

SHAPE

處理能量，塑造自己的命運

「有些人可以感受雨，而其他人則只是被淋濕。」

——巴布·狄倫

競爭很自然，只需放下比較心

法國啟蒙運動代表的馬奎斯．孔多塞（Marquis de Condorcet）說過：「**享受自己的生活，不要和別人比較。**」但即使我們都知道每個人有自己的時區和節奏，但當你看到30位30歲以下精英（30 under 30）的榜單；當你看到你的同學比你先買車買房；當你看到所有人好像都比你發展得更好的時候，很難不在心裡升起比較心，並因此感到焦慮、嫉妒，甚至痛苦。

「比較」是人類精神生活的痛苦淵藪，而我希望告訴你的是：會有比較心不是因為你是「壞人」，也不是因為你什麼都比別人差才會愛比較。**比較是人性本源，競爭本是物種天性之一**。很多生物學家和比較心理學家透過各種動物群聚生活觀察出，從穀倉裡的雞群到海裡的龍蝦，也都有領域競爭、能力甚至階級的比較。動物的領域，就像是人類社會的階級地位，代表了食物和可活動範圍。任何動物（包括人），看見比自己優秀的對象，都會情不自禁地心生挑戰或是退卻之意。

「當你升起比較心，先別急著譴責自己，這是合理的動物本能。」

一種常見的謬誤是認為女性比男性更善妒，亞利桑那大學甚至有研究指出，職場女性遭到同性欺凌的可能性比男性高了14%。雌內競爭（female intrasexual competition）是否為真？這是結果，但這不是原因。從生物學來看，**競爭與性別無關**，雄性動物更常爭奇鬥豔以贏取雌性動物的青睞。但因為大眾文化的薰陶與社會期待的共同塑造，營造出「只有女人會為難女人」的氛圍；更因為各項行業中女性代表比例鮮少，讓某些女性以為只有少數的女性才能成為關鍵角色，所以自己不得不鬥爭、不得不攻擊。我們要做的是避免雌內競爭的預設心態——女性的對手**不是**其他女性，而應著眼於創造**所**

有人都有機會在場的公平比賽。

別讓比較成為對自己的暴行

比較的本能，幫助人類透過外在情勢做出自我評斷。心理學家指出這是一種複雜而微妙的心情，交雜著希望融入（fit-in）又希望出眾（stand out）的情緒。心理學家露西・謝里丹（Lucy Sheridan）提出一個有趣的定義：「比較就是像其他人一樣，但更好（be like everyone else, but better）。」

人在江湖，總是有高下。但是，我們看不見一套武功練成時，需要多久的時間、甚至腳筋斷裂接回再練的苦功，更何況乍見的高下，往往都只有一個維度。

每個人各有自己的前進速度和關注焦點，如何能拿你的不關注跟他的關注相比、或是拿你步行的速度跟他開車的速度相比呢？而步行自有步行的徐徐悠哉，開車當然也有開車的敏捷和投資必須。

「人生是多維的，
不需拿今天的自己和昨天的他人比較，
也不需拿昨天的自己來嫉妒明天的他人。」

放下「比較」很難，但當你用動詞定義自己，不落入名詞與形容詞的陷阱時，就是很好的第一步。接著，我們要有意識地練習，把看到別人做得好的事情作為「對照」。

從比較到對照

《劍橋字典》說明：比較（compare）是為了找到相似點，而對照（contrast）則是必須看到不同之處。

對照就是不陷入「我跟他明明差不多，為什麼他可以」的想法，而是去觀察「他與我在哪些地方不同」？他做得好的地方，是否也可以拆解成適用於自己的方法？同時，也看見並肯定自己的獨特之處：你跟他**真的不一樣**，你有自己的價值、優勢、優先順序和渴望。

「對照是幫助自己看見他人的好，
從中找到啟發，
並透過自我期許作為進步動力——
他很好，而我也可以很好。」

試試透過以下的VERB自我動詞思考法，跳脫比較，活出自己。未來，那些強大到讓你羨慕甚至嫉妒的人，其實都能讓你的努力事半功倍。花點時間，看看自己從哪裡走來，而你已經在路途之上。

VERB自我動詞思考法

◆肯定他人的成就（Validate）

永遠沒有第二個人能比你更了解自己的全貌，反之亦然。因此，別用「天才」和「幸運」抹煞了任何一個人的努力。看見那些讓你心生欽羨的人，第一步，請先給予肯定，無論如何，這一定其來有自。當你能夠衷心肯定他人的成就，學會欣賞他人的成功，也就有能力更如實地面對自己，進而擴展自己的眼界。

◆擴展護城河（Expand）

為自己設立安全邊界。如果因為看其他人的社群動態，而讓你陷入焦慮與產生「為什麼別人總是過得這麼好」的錯覺，請為自己擴展護城河，不要再看那些「動態」了。別人的「動態」不重要，重要的是你有沒有把自己活成動詞！專注檢視自己的行動，你有沒有從自己的核心信仰出發？你有沒有連結你的價值觀與行為？享受自己的配速，專注於個人的前進。

◆肯定自己已完成的結果（Result）

給自己倒一杯水，你會看到什麼？是空著的部分，還是目前的水位？在羨慕別人杯中的水之前，請先看看自己已累積的水位。不論你現在所處的人生階段和環境如何，只要花些時間回顧人生歷程，你一定會驚訝地發現——你擁有的比想像中的多，你完成的事情也比自己以為的更令人驚嘆。

◆提升自己的努力（Boost）

永遠不需要為自己的努力感到羞恥。看到讓你覺得更好的人，就是個提醒——是時候要來提升自己了！見賢而思齊，看到厲害的人，都值得慶祝。慶祝自己有眼光看見別人的好，慶祝自己有機會回頭看看自己可以怎麼更好，每一個讓你想要競爭、想要比較的人，都是宇宙想幫助你進步的禮物。

所有的分心，都來自內在的逃避

在尼爾．埃歐（Nir Eyal）和李茱莉（Julie Li）合著的《專注力協定》中，提到令我印象深刻的一段話：「時間管理就是痛苦管理。分心所付出的代價是時間，並且，就像任何其他行動一樣，分心源自想要逃避不適感的那種欲望。」

注意力分散發生時，就是一個更認識自己的時機，你可以練習觀察自己開始分心的內部因素，找到自己的「需要」，便有機會能重新掌握自己的注意力。

承認自己只是浪費時間在逃避

我們身處在一個資訊大爆炸的時代。各式各樣蓄意讓我們上癮的行為，讓現代人的專注力越來越短。你可能早就聽過一項2015年的研究指出，人類平均集中注意力的時間，已經從12秒縮短到8秒，而短影音甚至必須要在2秒之內捕捉你的注意力。

但從《專注力協定》的觀點來看，手機和社群軟體不是讓我們分心或喪失注意力的原因。背後的真正理由，很有可能是因為手機和社群軟體使我們更快樂、透過觀看影片十分愉快、能跟那些很久不見的朋友「疑似」還保持著聯繫、貼文被很多人轉發所帶來的成就感。在手機和網路世界裡，充滿了討論、新知，各種讓人認同或不認同的觀點，**彷彿有另一個生機勃勃的自己，活在虛擬的那一端**，讓我們捨不得離開。直到待上許久，感覺自己真的很餓了，我們才願意放下手機——赫然發現已經過了三個小時。如果還有一絲理智，我們可能會掙扎著告訴自己：「停止！別在這裡浪費時間！」然後又說服自己：「放鬆一下，難道也算是浪費嗎？」違反規則的罪惡感，以及因為罪惡感而產生某種類似偷情的快感，讓我們又更加投入其中。

「我們正不斷地透過分心、透過忙碌，試圖忘記自己想要往哪裡去。」

人的一切痛苦，本質上都是對自己的憤怒和懊悔。而那些被浪費的時間，大多不過是逃避自己無能為力的藉口而已。

觀察自己的分心動機

如果你願意檢視自己的分心從何而來，就有機會找到需要被解決的問題到底是什麼。你熱衷的YT頻道裡可能隱藏著你的深層需要，也許是喜歡有人像朋友一樣跟你聊天？渴望那些豪奢的跑車豪宅？或對各種奇門遁甲的新奇知識有興趣？問問自己想要什麼，想成為什麼？然後，再試問自己——**我有沒有花足夠多的時間，去實踐自己真正想做的事情？**

下一次發現自己想要、或是正在分心的時候，請試著回過頭去，找到誘發分心的引線，和隱藏在背後的真正期待。

◆分心場景與隱藏的可能原因

分心場景	隱藏的可能原因
你正在開部門會議，可是你想要回其他訊息，因為發現上午時沒有即時回覆客戶。	你很可能正在緊張，或是你對客戶關係感到不確定。這份不確定衍生成焦慮和恐懼，讓你無法投於其他事務中。
你正跟客戶講電話，可是忍不住滑了一下臉書看訊息。	你可能覺得對方講話沒有重點，若再更進一步理解，很可能你的底層焦慮是：害怕自己的時間被浪費。
你正在跟家人吃飯，可是你實在是很想打個遊戲。	你很可能不知道該跟家人說什麼，也覺得家人不能理解你，但又覺得自己有責任或義務必須坐在那裡，因此感到煩躁。與家人相處讓你感到壓力。

找到分心的原因，理解當下的痛點，再從痛點反推出自己的深層需要，

就可以將這個需要放進你的時間計畫裡，並花上足夠多的時間，來實現真正的需要——可能是精進客戶關係、練習人脈管理，或是提前準備，讓自己的時間軸與重點對象保持同步，甚至主動展開困難溝通。有各式各樣可以探究的方向，而你是唯一能為自己做決定的人。你想要的是分心、逃避，還是面對內心不曾言說的恐懼或渴望？

透過時間，讓自己的生命成為動詞，每一刻都實現自己的感覺，不僅快樂，還很過癮。

壓力不可怕，學會處理它

日本知名企業顧問吉田幸弘曾經說過：「能力好的主管懂得每天消除壓力，絕不會讓壓力累積到明天。」處理壓力，是所有人在人生階段中，都必須練習培養的能力。甚至，我可以大膽的說——**處理壓力的能力與休息力，是最容易被低估的重要能力之一。**

處理壓力或是好好休息，都是「能力」的一種。你有沒有能力處理壓力？是否知道壓力究竟從何而起，如何化解？你有沒有能力保持對自己的敏銳覺察，並能夠主動地適時調整自己？

當我們開始談論壓力時，請先別使用「抗壓力」（(anti-stress／stress resistance）這個詞。我們要做的不是「對抗」和「抵抗」，因為壓力並不在牆外：同樣的事件與條件，對A來說是巨大的壓力和困境，但對B

而言可能只是一片小蛋糕。真正核心的壓力和焦慮，從我們的身心滋生而來，而不是外在加諸於我們的。

「處理壓力並非對抗，
而是如何身在其中，與之相處。」

很多人認為是因為別人說了什麼話，才讓自己感到壓力。但，其實這是一個悖論。讓你感到壓力的並不是別人所說的話，而是你隱約知道，「現實的我」與「期待中的我」之間的差距。舉例來說，父母所造成的壓力並不是因為他們所說的話，而是因為你希望自己孝順、想讓父母驕傲、想得到父母的愛。**你的壓力，是來自與你的渴望——如果你真的毫不在意，就不會感受到壓力**。

在對的時間，處裡複雜任務

生理上，壓力與被稱為「壓力荷爾蒙」的皮質醇（Cortisol）有關。人體很奧秘：當外在情境變換，在我們還沒有意識到的時候，腎上腺皮質就會釋放皮質醇來幫助我們調節壓力。皮質醇可以帶來鬥志與快速應變的能力，但也會帶來警覺、緊張，甚至焦慮等情緒。

很多人壓力大的時候，喜歡吃炸雞、喝可樂、吃甜食，這就來自於皮質醇的催化。如果你長期處在壓力之中，導致皮質醇濃度長期過高，就可能會從焦慮轉變為做什麼都提不起勁的厭世倦怠。

很多專家、學者鼓勵大家早起，利用所謂的「黃金時間」來做最困難或最重要的事情，其背後邏輯是因為這更符合我們身體的工作狀態：**通常在早晨6到8點之間，是人體皮質醇自然分泌的高峰，以能應對新的一天。**這時，我們更容易感到有精神和能量。到了晚上，皮質醇的分泌量會逐漸減少，與之拮抗的褪黑激素和生長激素的分泌量則會增加，讓我們感到身心放鬆，容易入睡。因此，大部分的學說都不鼓勵利用晚上睡前處理複雜和具挑戰性的任務，因為這會激發皮質醇的分泌，導致我們無法放鬆。也許你也體驗過在深夜進行高難度工作的快感，但那是因為你的皮質醇正在幫助你應戰。偶一為之或許有趣，但長期而言，這是在虐待自己的身體。

學會怎麼使用與活動身體，就像是學會自己作為動詞的身體時態變化。**讓身體幫助你，在對的時間做適合當時的事。**

「我們的身體天生具備調節壓力與放鬆的天賦，其實我們自備資源，本自俱足。」

改變身體解讀，化壓力為助力

在戲劇課上，當老師告訴學生們：「別再努力放輕鬆了！」學生們便會忽然意識到自己正處於努力放鬆的矛盾中。當你試圖命令自己放鬆時，你的身體會因為接受到命令而變得更加緊張。這就好比告訴自己「不要去想房間裡有一隻白色大象」，結果大象卻不斷在你腦海中浮現。

想要解除壓力，無法透過告訴自己「沒有壓力」、「快點放鬆」來達成，而必須從內在化解對壓力的反應。**因為壓力無法透過「意志力」消除，反而通常越有意志，越容易感受壓力**。

因此，我們必須讓身體學會：這件事，「真的沒有壓力」。

哈佛大學進行過一個有趣的研究。無論是緊張還是興奮，都會引起身體的心跳加速和呼吸急促的生理反應，但只要改變對身體反應的自我解讀，就能轉換壓力成助力。

例如，當你準備上臺演講時，感覺到自己正在心跳加速，如果這時候開始對自己說「不要緊張」，反而會更加緊張，而身體就會連接「心跳加速就是緊張」的認知。但如果你轉而對自己說「我好興奮」，你的身體也會開始認知「這是興奮和期待」，將消極的語境轉化為積極的鼓勵，上臺時就會更有自信，也有機會表達得更好。透過積極的自我語言定義，便能重新打造具建設性的內在解讀模式。

「如果能讓身體明白，這些反應都是機會而非壓力，你就能讓自己自然而然地轉化緊張為自信、改變焦慮為響應。」

除此之外，很多壓力和焦慮的產生都源於對自己的期望過高。我們需要為自己重新設置一個預設值，學會承認，學會接受現實。先承認——事與願違是人間常態；先肯定——自己確實很棒，但自己其實也沒那麼了不起；先理解——我很重要，但其實也沒那麼重要；先認知——我有可能會犯錯，我也可能會失敗，但是沒關係，至少我踏出混亂與未知中的第一步。

當你能為自己設定這些新的預設，你就能更好地面對壓力和焦慮，並如常發揮自己的能力。

在某次我要參加聯合國的平行會議之前，一位同事祝福我「一切如其所是的表現」。我好喜歡這個祝福，因為這正是我所期待的：**不需要追求完美，只要一切如其所是，自然毫無壓力**。

化焦慮為前進路徑

壓力是一種內在趨動力。會有壓力，一定來自於我們「想要的」，與現在我們「所有的」之間有所差距。因此，壓力代表著你有想要前進的目標，而當你越是想往前邁進、內在驅動力越大，感受到的壓力可能就越大。

「在面對壓力時把它視為積極的動力，
就會有更大的機會，
成為所期待的自己。」

伴隨壓力而來的焦慮，往往來自「現狀我」到「理想我」之間的混沌不明，與不知從何開始。因為無法看清現狀和目標，因此路徑一片模糊，不知道自己有多少選擇或該如何選擇。

所以要面對壓力，請從確定你「想要的」是什麼，以及你「擁有的」是什麼開始。只要能在現狀和期待之間，為自己開闢出幾條抵達路徑，讓自己得以專注於前行的方向並開始起步，就能減輕許多壓力。以下是三條你一定可以嘗試的前進之路：

A 橫向拆解，建立階段里程碑

透過橫向拆解來建立階段里程碑，將原本龐大的理想拆解成可達成的階段性目標。透過橫向拆解，不僅能輕易掌握進度，也能適時地進行調整和修改。

B 縱軸分步，建立最小步伐

將拆解後的小目標縱向分成多個「最小步伐」，也就是每一件你需要做的事。而這個最小步伐，可以透過週、甚至日、甚至小時維度的方式進行，越是容易掌控和完成越好。透過最小步伐，可以將困難的事變簡單，也能讓你累積更多自我實現的信心。

C 尋找自己以外的資源

至少可以從人和工具這兩個方向著手：有什麼人可以找？你的導師、主管、家人、朋友、或是領域專家？有什麼工具可以使用？書籍、課程、各種軟體和AI工具。記得，**沒有人是座孤島**。

化焦慮為路徑

透過前面介紹的三種方法，可以擺脫焦慮，並拉近「現狀我」和「理想我」的距離。這項練習也可以與64頁的「客觀視角練習」搭配使用。

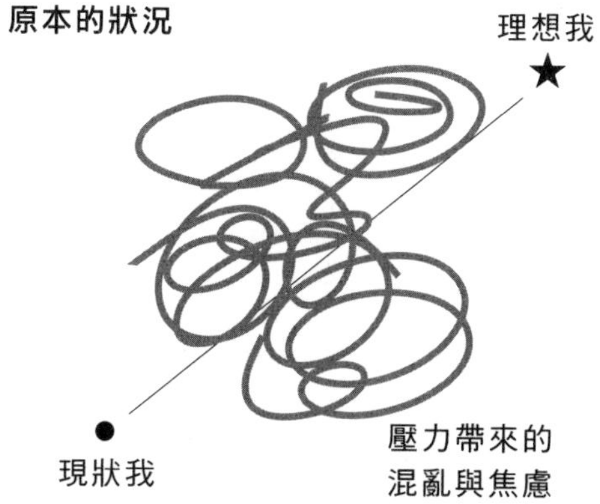
原本的狀況
理想我
現狀我
壓力帶來的
混亂與焦慮

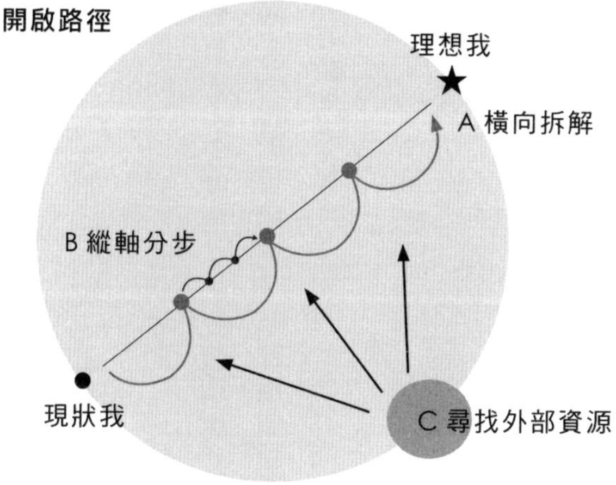
開啟路徑
理想我
A 橫向拆解
B 縱軸分步
現狀我
C 尋找外部資源

從「現狀我」到「理想我」

透過重新敘述，改寫你的過去

在我所參與的一場活動上，有觀眾問臺上成功的講者們：「如果遭遇失敗該怎麼辦？」、「如果把一件事情搞砸了怎麼辦？」我發現這些講者都會先進行語義上的重新定義，微笑反問：「什麼是失敗？為什麼這是失敗？」相較於擔心可能的失敗，他們更願意敞開想像，並認為「就算沒有達成目標，我仍然學到了一個不可行的方法。」

在什麼樣的語境，就擁有什麼樣的生活

越成功的人，越知道如何跟自己說話。他們對自己的語調總是誠實、積極、鼓勵的，而不是嚴厲、苛責的，更不是自吹自擂、志得意滿的。語言的存在，讓世界和其內的一切事物展現出獨特的風貌；語言，使世界成其為所

是，使萬物成其為所是。

「語言是所有存在的所在。」

語文環境和生活環境高度一致。著名德國存在主義哲學家海德格在《存在與時間》寫下：「語言是存在之家。」他認為語言是「存在」自身「展示」之「所在」，語言是人類生活的基石。透過語言的引領，人類才得以理解自我與周遭世界：語言為我們塑造視野，指導我們的觀察，為世界賦予意義並賦名給萬物。你的視界，決定了你怎麼說自己的故事；而反過來，你怎麼敘說自己的故事，也決定了你的視界。

用積極的角度看到過去

心理學家菲利普・津巴多（Philip Zimbardo）和約翰・波伊德（John

Boyd）在《時間的悖論》提到，決定命運的不是性格，而是你的「時間人格」（Time-Personality）。**一個人對過去、現在、未來的認知方式，以及態度和時間管理方式，呈現出的人格，就是「時間人格」**。

經過三十年的研究，津巴多和波伊德提出，時間觀是影響人的想法、感受和行動的最重要、卻也最受到忽略的因素之一。從過去、現在、未來的認知思考和行動模式，可以區分出六種時間人格傾向。

有關過去，時間人格分成過去消極型時間觀（Past-Negative）和過去積極型時間觀（Past-Positive）兩種。有些人傾向關注負面的過去經驗，有些人則更留意過去的正面事件。對待過去的方式，不僅決定了記憶如何重塑，也會影響我們對當下的感知。傾向以過去消極型時間觀思考的人，更容易活在傷懷和恐懼中。

無論你經歷過什麼創傷，都可以練習以過去積極型時間觀應對。這很挑戰，但是值得。最有幫助的一步，就是練習讓自己開放的問答：「就算經歷過這麼糟糕的事，我現在都還是能走到這裡！我是如何做到的？」

「**我是如何做到的？**」這樣的問題，能夠協助你專注於「已經達成的成果」，而非遭遇創傷的起因。這樣的思考方式，有助於把注意力集中在主動走到現在的成功，而不是關注於無法控制的痛苦回憶。

「過去消極型時間觀會放大你如何跌倒，而過去積極型時間觀則能讓你看見——你是怎麼站起來的。」

你會知道：無論跌得再痛、傷得再深，你都有能力站得起來。這是一段如何重建對過去的理解，進而改變未來的重要一步。

過去消極型時間觀和過去積極型時間觀的概念，後續也被很多心理學家與精神科醫師沿用，而成為治療創傷症候群（PTSD）的方式之一。重新建構看待過去的方式，改問：「你發生過什麼事？」就能透過重新敘事，塑造自己的大腦和創傷記憶，並進而療癒自我。

處理痛苦的能力，就是處理人生的能力。你選擇的時間視角，就能幫助你理解和緩解你的痛苦。把自己活成動詞，檢驗自己動詞的過去式，並給予它全新的意義！無論過去發生過什麼事，我希望你知道我們都有機會改變事件所產生的影響，而這個意思是——我們都有機會改變過去。

自由使用時間觀，成為能創造改變的動詞

《時間的悖論》中，現在時間觀分為兩種：當下宿命時間觀（Present-Fatalistic）與當下享樂時間觀（Present-Hedonistic）。這兩種時間觀的差別，在於前者更相信一切都已經被決定，對於當下最好就是「接受」；而後者更傾向視當下為享受，願意採取冒險與挑戰。最簡單的區別方式是：你是否接受現況，或是你更願意改變？前者容易過著被動式的生活，傾向接受一切都是理所當然。「真的只能這樣嗎？」你可以試圖這樣問自己，幫助自己跳脫「**被決定的框架**」。

除了過去與現在，未來也是非常重要的時間維度，分為未來導向時間觀（Future-Orientated）和超驗時間觀（Transcendental）。未來導向時

間觀者，在計畫與自律方面表現較強，面對困難時表現得更有毅力，但也可能更為焦慮和難以活在當下。超驗時間觀則能幫助人看見比未來更宏觀的可能，譬如：永恆，或是追求神秘體驗。擁有超驗視角能使人更積極地創造不朽，但也有可能導致極端行為。

想把自己活成動詞，除了過去式、現在式，也要思考自己的未來式。放眼未來便能「以終為始」，也能幫助你從此時此刻非黑即白、非此即彼的二元性思考，轉向一個由選項、概率和假設所構成的世界。未來導向能幫助你更開放，並視時間與自己為一種連續體，也有機會創造出更多可能。

值得一提的是，過往的創傷可能導致我們在特定情境中趨向某種時間觀。例如曾在職場中遇上創傷，可能會不自覺地在面對工作時，採用過去消極型時間觀。這時需要回過頭去處理痛苦，才能繼續保有彈性的時間觀。

當我們能自由使用自己的時間觀，就能更好地實現自己——我們可以不因過去的痛苦或歡愉而限制、不受當下的漠然或興奮挾持，也不被未來的可能和神秘奧義所綁架。在任何時刻，你都能是自己想要成為的。

每種情緒的背後，都隱藏著需求

在研習非暴力溝通管理課程時，我理解到每個情緒反應的背後，都代表著「需求」。有情緒是自然且重要的，如果刻意隱藏或壓抑一般認定的負面情緒，反而會造成更多情緒和壓力問題。

神經科學的研究顯示，情緒反應涉及到大腦中包含前額葉、杏仁核在內的多個區域，是一種高度複雜且精密的運作機制。大腦的不同區域在情緒反應、認知功能和注意力調節方面扮演著重要的角色，因此，**情緒並不僅僅是一種「感覺」而已，它存在的目的是在於保護你、幫助你做出足夠的反應，進而遠離危險並能夠生存**。

很多人在成長的過程中認為「情緒化」是不好的，傾向封閉自己的感受，以為這才是所謂的「理性」。但事實上，沒有任何人能夠脫離情緒而活。情緒是我們大腦神經最直接的反應。情緒化也不是專屬於女性的特質，看看寶寶們就知道——無論性別，每個寶寶都有很大且直接的情緒反應。

當我們花費時間和精力去壓抑自己的情緒時，其實就是在單位時間內浪費了許多不必要的大腦認知能力。抑制情緒時，大腦可能需要重新分配資源來控制情緒，並干擾到更迫切的決策和行動。

善用情緒能夠幫助我們做出更佳的判斷，並成為更好的行動者。讓自己成為情緒反應的主人，並將情緒轉化為積極的動力，練習精通自己的情緒，能幫助你擁有理想的動詞化生命。

▧看見情緒的練習

當情緒出現時，為它貼上一個情緒標籤。**承認情緒的存在**，然後詢問自己，是什麼讓我產生這個情緒？重點不是有情緒，而情緒是「因為什麼」而發生。花時間找到情緒的原點，就有機會理解自己真正面對的問題。

用於情緒的主客觀視角

我們很常因為他人的話語產生情緒反應，因此，除了觀察並認可情緒之外，還需要把第二章提到主客觀視角納入其中。

我相信多元共融的價值，意思是每個人的聲音都重要；但是，這個信仰的前提，就是要有辨認聲音（voice）和噪音（noise）的能力。我歸納出三個「聲音與噪音」的探問方法，並發現這三個問題，不僅幫助我更有效處理組織的運營，優化與他人的溝通關係，同時也更能聆聽自己內心建設性的聲音。

◆區分聲音與噪音

1. 這個意見是客觀的，還是主觀的？
2. 這是常見的行為模式，還是單一個別事件？
3. 這是問題是我的責任，還是當事人自己的責任？

如果這些問題的答案都是前者：客觀的、常見的行為模式、我的責任，這個意見就是值得我參考並調整行動的重要建議。反之，如果這些答案是對方的主觀感受、單一個別事件、意外，或是對方的責任，這便是對方的視角有所限制，我會努力開啟他們看見不同面向的機會。

主客觀的練習，是非暴力溝通的前提。每個人對語言的敏感和接受度不同，如果你想，也可以用「**這個意見是感受還是事實？**」來代替第一題，不過，我很喜歡主客觀的說法，因為「主」與「客」對我來說是一種換位思考的具體提醒。每個人站的位置不同，就一定會有不同的視角，所以主觀並非不好，只是絕對有所不足。

舉例來說，當你的主管或家人說「你都不努力」時，你可以開始觀察這句話，將它歸類為對方的「主觀想法」，然後專注於你所實踐的「客觀事實」。不需要用另一句自己的主觀來辯駁——「我明明很努力」，而是專注於你自己的具體付出，或是邀請對方明確說明「怎樣算是努力」。也許對方對於努力的定義是不斷發問，而你的努力是默默學習相關知識。主客觀的練習，也是把重點放回「動詞」上，關注於該怎麼行動，而不是失焦於每個人對名詞和形容詞的不同想像。

練習掌握主客觀的能力，不僅能自由切換各種思維邏輯，也能從他人言語中辨識出個人意見與客觀事實的差別。隔絕噪音，不僅保護自己身心，也能讓自己專注於建設性的聲音，並開展對應的行動。

「如想讓自己身心快樂，觀察這是建設性的聲音，或是單純的噪音，非常關鍵。」

再舉一個非常生活的例子。譬如豔陽天，有人覺得溫暖，有人抱怨很曬，有人看到陽光很高興，有人覺得被曬到很煩。每個人的經驗和感覺都是真的，但也都是主觀想法，客觀事實只有一個——今天是個氣溫三十度豔陽天。釐清客觀事實後，重要的就是建立「動詞行為」：所以，今天是個豔陽天，而你想要怎麼做？

如果你想成為一個能為自己人生負責的人，就不能一味的放任「自我感覺」，最終導向「自我毀滅」。成熟的自我覺察，是能夠從「自我感覺」中，理解冰山底下的風景，自己究竟為何被勾起情緒。如果這是單一事件，或許是人生必然，但如果你從中發現某種長期的行為模式，你還會想要被自己的潛意識所綁架嗎？找回掌握度，引領自己走向生而為人的快樂與自由！

讓每次語言都像是輕吻

前面提到了**語境創造了生活環境**。語言本身，是人類為了彼此溝通創造出的一種秩序邏輯，只不過，在語言與語言之間，永遠都存在著縫隙甚至鴻溝。因此，關於時間與能量管理，還有一個至關重要（但總是被忽略）的主題動詞：**溝通**。

我們生命中有大量的時間在跟別人溝通。時間不斷經過，在我們心坎裡留下許多深深淺淺的語言印記。人與人相處的一切，都是從語言開始的，許多好話，甚至跨越了時空的界線，讓我們彼此心心相連，譬如一首古詩、一部經典電影、某個導師通達的智慧、往昔戀人的真情告白。

有些話讓人傷心欲絕，有些話讓人義憤填膺，也有些話讓人一想起就再次小鹿亂撞；但最容易讓我們後悔的，常常是那些自己不經意、無心或是刻意說出的那些傷人的話。

我總覺得最好的時間與能量管理方法，應該把時間花在如何好好說話、如實表達，而不是把時間花在後悔自己怎麼這樣說話。藉由精準的表達，我們能夠將自己活成動詞，透過練習，讓每一次的表達都能蘊含跨越時間的潛力。我也還在修煉之路上，分享三個方法，一起練習：

◆保留有品質的相處時間，好好對話

越親密的人，越要保留足夠長的品質時間，讓彼此能夠對話。在帶領公司團隊上，我跟每個直屬同仁都有每週固定的一對一會議時間，聊最重要的問題，也聊生活發現和感觸。在親密關係裡，我與另一半每天早上都會有一個將近兩小時的長長早餐時光，我們稱為Long Morning。我們會一起煮咖啡、熬奶茶、做早餐，彼此禱告，一起分享一天的興奮和期待，也聊聊各種日常。

因為這些時間都已經預先保留，所以很多話可以在足夠的時間裡慢慢消化、咀嚼，而不是累積了各種瑣事再一次爆發。彼此頻繁的交流與同步，能讓你與最重要的人有更好的默契！

◆真的充滿消極情緒時，就好好感受，不要說話

最容易讓人後悔的，就是情緒高漲之下脫口而出的違心之論。譬如：「我後悔生了你」、「我痛恨你是我妹／我姊／我爸／我媽」、「你是賠錢貨」、「我從來沒有愛過你」……太多太多，這些語言不只是利刃，更像是毒藥，一聽到就像從耳朵倒入水銀砒霜，一點一點地滲入到我們神經深處，總在不經意的時候讓人一陣抽痛。

小時候，情緒管理是我的盲區，因為我以為做人就是要直接坦率，直到創業要帶領團隊，才開始學會處理自己情緒與如實表達的關係。在一次又一次的練習之中，學會內心越是激動，越是需要時間的沈澱與轉譯，才能讓自己的表達，符合自己真正的心意。

「如實表達不是想到什麼就說什麼，而是能妥善說出自己思考過的真實本意。」

◆心中湧出感動和愉悅時，感覺到了就要說出口

另一種讓人遺憾的狀況，是有些喜歡和感謝來不及說。總想著要等到一個最好的時機，但往往是最後的再見沒辦法說，感激來不及說，喜歡也不好意思說，直到生命盡頭才後悔。總覺得「如果早知道」、「如果再來一次」，我認為最好的生活方法，就是有了這些想說的話，只要是感動和愉悅的，都要當下立刻說。自己心生歡喜的時候，不要等待，直接表態。

為困難的相處，預先儲備電池

曾有人問我，如果別人講話都傷害到自己時，為什麼不能反過去傷害他

們？我的答案是，在選擇以牙還牙、反向報復之前，請先好好照顧自己。感覺到自己受傷時，應該先花時間在自己身上，觀察自己的傷口與疼痛，等稍微平復之後，再以研究般的心態來幫助自己主客分離：是理想我和現實我產生了什麼差距？我的情緒背後又代表了什麼需求？想清楚目標和原因，就知道該怎麼行動，才能幫助自己。

「我們無法改變其他人的說話方式，但能改變自己的心態和選擇如何聆聽。」

改變心態需要長時間的練習，因此，在你的心變得更強大與柔韌之前，你可以使用「儲備電池」的概念，來幫助自己跟難以相處的人和平共處一段時間。

先觀察自己跟對方相處一小時或一天，會耗損你多少能量，以及你需要多少時間復原？在見面之前先存好幾天的能量備份，在見面之後立刻給自己一段修復時間，讓自己的認知系統能為這份相處後建立愉快的設計體驗。記得無論對方是誰，都一定要先安頓好自己的身心，才有能力給予自己關心的人一段有品質的相處時光。儘管有時辛苦，但生活中有所愛的人，必定能讓你的生命更加豐盈。

掌握處理生活中的能量起伏，是將自己活成動詞的重要一步。這意味著學會以客觀的眼光看待所發生的一切，深入了解自己的時間與個性特質，練習創造自己的語境，真實表達自己的本意。這些努力能夠重塑我們的生活環境，為我們開創嶄新的生命境地。

▧ 困難相處的儲備電池

1. 在腦海裡盡力地搜尋、儲存各種跟對方相處的美好畫面與回憶。越難相處需要的畫面越多，如果畫面很少，就極力放大那一刻。
2. 相聚前，先為自己進行各種能增加自我能量的行動
3. 相處後，就算當下以為沒事，也要立刻進行能量修補動作。

Chapter 5

REPOSE

好好休息，事情總會過去的

「只要讓一隻鳥跟著一隻鳥飛過，事情就能夠完成。」

——安·莫拉特

休息也是一種動詞

把自己活成動詞，並不是無止盡的動，而是動中有靜，靜中有動，就像太極圖一樣。生活中有大時間，有小時間，有充盈的時間，但在充盈的時間裡總能留白，而在大塊的空白時間裡，也還有一顆生動、積極、豐富的心。

太極圖象徵動靜之間、陰陽互動合一、能量有無中的生機，也暗喻著物物皆有陰陽，連續不可割裂，陰陽相依互存的關係。我們的生命也是如此：白天是陽，晚上是陰；工作奮鬥是陽，無所事事是陰；行動與效率是陽，休憩觀息是陰。陰陽並進，陰中有陽，陽中有陰，陰陽互生互動，彼此貫通、轉化、調和。

對我而言，最理想的生命方式就是陰陽互融。陰陽不是二元對立的概念，而是彼此互相融合的多元體現。把自己活成動詞不僅意味著持續前進，更是要主動安排適當的休息，這也是我在安排自己時間計畫的方式。

生命時間本有陰陽大小。大時間，拿來工作，拿來創作，拿來陪伴對我有意義的人們，拿來留白；小時間，拿來適應，拿來衝刺，拿來限制自己產生的創意，拿來曬曬太陽，看看月亮。在忙碌的時候有喘息，在休息無聊的時候也有屬於自己的積極樂趣。留有大塊的時間積極有為，也要有足夠豐盈的時間讓自己鬆弛無為。隨手畫出一張太極圖，把自己的時間習慣條列其中，來檢視自己的生活是否張弛有度、柔韌並進，生活就能更流動開放，充滿生機。

「休息就是太極圖中的動中取靜，
工作也可以是休息中的格物致知，
這是屬於生命的功夫。」

人生不需要二選一

無止盡的奮鬥向上，你拚我就比你更拚的競爭心態，造成個人身心乃至國家社會組織沒有意義的消耗，被形容為「內捲」；「哥布林模式（Goblin Mode）」是毫無愧疚地自我放縱、懶惰、邋遢或貪婪的行為，意喻墮落快感；「躺平」則是標示著主動但消極的抵抗：拒絕努力，無欲不爭但癱平無力。這些失衡的現象，各有其時代背景、社會結構等多重因素交織而成，但都顯示出缺乏平衡與交融的結

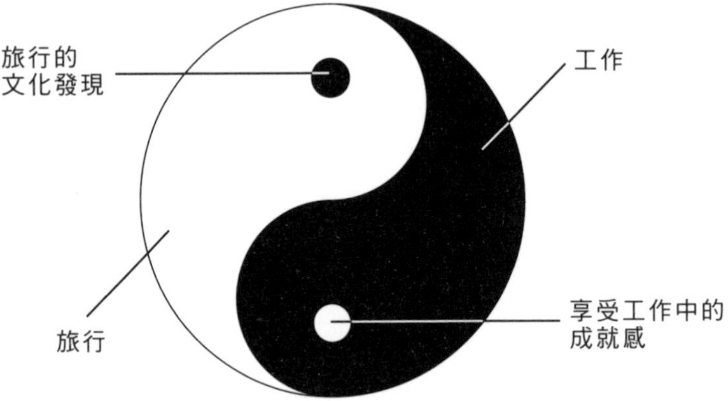

用太極圖重新感受時間

果，太多人以為人生只能二選一。

我們的生命就像太極圖一樣，是連續的整體。可以動中有靜，靜中有動。如果你總光顧著前進，總是對自己的休息感到罪惡感、虧欠感、焦慮感，可以再想想英文中的一個關於休息的動詞——repose，從字根上來看它就代表著重新調整姿勢。**休息不是停止不動裹足不前，休息是讓你能夠擁有更好前進姿態的動詞**。

「休息，就是重新調整自己的姿態。」

練習自拍時刻，探索你的低能量

很多人不知道自己真正想要的是什麼，也沒有意識到自己擁有的是什麼。所以常常忙過一陣，就有一種「瞎忙」或「我為何要如此忙碌」的茫然之感。這時候，如果再不知道好好休息，就會讓自己長期陷入一種「生活得不知所起」的狀態，常常一休息就生病，或是休息時比工作還累。

有些人喜歡把自己的時間填得越滿越好，以為這樣的「滿」，就能代表自己的努力和累積；但事實是，越來越多人已經不知道該如何休息。忙碌了一天，回家就倒在沙發上無意識的轉遙控器或滑手機，直到想睡，再拖著疲憊的身體倒在床上。身體很累，卻怎麼樣也睡不著，想到明天又要工作就輾轉反側。日復一日，越來越懷疑人生：為什麼自己要這樣活著？

不需要強行「度過」低能量

我發現很多人習慣「多做點什麼好玩的事」來「度過」低能量時期；但對於回過來思考如何「改變」低能量，比較沒興趣。這個觀察說來有點殘酷，但坦白說，很多人只想要逃避低能量，並避免面對自己。只要相信低能量來自外在環境，而不是自己造成的，便可以順理成章地說「錯」不在己。

「首先，要釐清一件事情：低能量不是『錯』。」

低能量沒有關係，低能量只是能量「低」的表現。會有「低」感，就是因為有「高」感，所以當你感覺到自己正在經驗著低能量時，先不要責怪環境或自己，而是先停下來，看看「此時此刻的低能量」，呈現出來的狀態是什麼？

有時候，低能量的呈現是沒有動力，做什麼都有點乏乏的、懶懶的；有時候，低能量的呈現是容易動怒，看誰都不順眼，別人隨口一句話都會讓你覺得心頭火起；有時候，低能量的呈現是有點憂鬱，好像不管做什麼，心裡都有點說不出來的惆悵，總覺得做什麼都酸酸澀澀的。

「當你感覺到自己正在經歷低能量時，最好的動作是先停下手邊任何工作十分鐘，觀察一下自己的低能量狀態。」

每個低能量狀態的背後，都有不同的原因。無論能量是高是低，其實一定都源自某個你的反應。外在世界會給予各種刺激，但要如何反應，其實是出於我們的決定。唯有理解低能量跟情緒一樣，是自身反應的結果，才有機會找到低能量的真正源頭。

如何面對沒有動力的時刻？

曾有人問我：「有知道該做什麼，卻還是沒有動力或懶惰的時候嗎？」

我有，我當然有。但當我發現自己開始要沒有動力、想要懶惰時，我會先停下來，看看自己是怎麼了？**比起單純沈浸於低能量狀態，我更喜歡去了解「現在的我能做什麼？」以及「是什麼讓我開始覺得低能量？」**

我可能是因為身體不舒服，真的沒有氣力做好應該要做的事。如果是這樣，我能做的就是主動請假，把自己照顧好，才能好好貢獻我的能力。

我也有可能是因為覺得這件事怎麼沒有人理解我，覺得自己正在做的事吃力不討好，所以沒有動力。而我就會問自己：這些吃力不討好的事情，是為了讓別人喜歡我，還是為了我心中更大的理想？如果是為了理想，那就沒有什麼好在意別人理不理解我了。

我也有可能正在做「我不喜歡的事情」，那麼，我就會問自己：「我此時此刻的不喜歡」是真的不喜歡，還是其實我可能還不夠理解這件事？接下來，就給自己一段盡情探索與開放解答的時間。

我喜歡追根究柢，找到真正「與自己有關」的原因。有些時候，我只是累了，需要一個無所事事的時間。另外一些時候，我會想辦法理解自己「是對什麼人事物會有這樣的反應」，然後，我會讓自己的反應，逐漸成為我想要的自己。

每天給自己一段無所事事的甜美時間

我每天都會預留一小段屬於自己的時間，我稱為「Dolce far niente 時間」或是「Sweet nothing 時間」。Dolce far niente 是義大利文，意思是「無所事事的甜美」。sweet nothing 則是指情人間稀鬆平常但甜蜜的時刻，只是我的 sweet nothing 是留給自己。

「我不會等到週末才休息，或忍到假期才放鬆。
每一天除了好好的睡覺，
還需要為自己穿插像這樣的一小段迷你假期。」

為自己主動安排好一段Dolce far niente的時間，可以為我緩解這一天發生的任何事件；因為我知道無論今天有多忙、多累，都有一段專屬於我的甜美時光在等著我。而這也讓我的一天能有更多的彈性與更豐沛的能量。**這段時間，就是我的「自拍時間」，自己給自己一個拍拍，自己給自己一段自由的甜美。**

我的生活並不比誰更有趣，我也會有低能量的時候。只是，現在的我知道要怎麼更好的回應這個世界。無論能量是高或低，都是我選擇的結果，那當然，我希望自己的生活能是自己想要的那樣。生氣盎然、蓬鬆可愛、鬆弛有度、幽默好玩，然後，在需要的時候，我會給自己好好的拍拍。

哄自己睡覺，像對待寶寶一樣

這世界上，很多人深受失眠之苦。台灣每五個人就有一人有失眠的困擾。「失眠的人越來越多了。人們發明了各種藥片，來幫助人的睡眠。睡眠本是人的自然本能，現在需要用藥物來幫忙。一想到人的基本需求，居然被五光十色的小小藥片所左右，便悲傷並且害怕。」心理學家畢淑敏描繪的焦慮型社會現狀，你一定也不陌生。

我很幸運，在身邊創業和工作的朋友紛紛開始失眠時，能為自己找到方法，維持甜蜜且充足的睡眠，這也是修復能量最好的方式之一。

曾有朋友跟我說：「我真的試了各種方法，但我就是睡不著！」問他睡不著時都在做什麼呢？「只能開電腦開始工作或是滑一下手機。」我只能告訴他，如果在失眠時反而去使用電腦或是社交軟體，聰明的大腦只會為了你的需求去調用皮質醇，幫助你越來越清醒，也越來越難入睡。

有一種失眠，是情緒性、思緒繁多或因為壓力而難以入睡的失眠。

「如果這是你的狀況，建議你準備一本睡前日記，記得：一定要是手寫的！」

在睡覺之前，把各種困擾一天的情緒、煩惱或是層出不窮的點子，寫入筆記本，並跟自己說：情緒已經好好地承接也寫下來了，想法可以等明天醒來之後再沈澱，幫助自己的大腦放下所有思考和情緒。不要耽溺於自己的哀傷——即使哀傷可能讓你感覺是悲劇裡的英雄，但要記得，真正的英雄是能夠熱愛自己的生活！

坊間有眾多幫助睡眠的建議，不妨把這些納入為自己的生活實驗，用探索的心情嘗試看看，別讓專家、醫生的建議，成為新的壓力。不需要抱著

「今天一定要睡著」的期待上床，睡不著也別絕望，總有能睡著的時候。從慶祝自己能睡上一、兩個小時開始，總有一天會嘗試到適合你的方法，別著急，慢慢來。

繆思不會只在深夜出現

作為一個自以為是的文藝少年，我曾以為深夜才是我的靈感泉源，是我專屬的創作時間。但現在，我意識到靈感並不侷限於深夜。**如果我能掌握主動性，靈感就會在需要時湧現**。不需要因為追求「眾人皆睡我獨醒」的狀態，而苛虐自己的身體。

> 「重要的是讓自己在更多時間裡，保持清晰的感受與充滿靈感的狀態，毋需熬夜，每個時刻都能是你的繆思時間。」

你聽過「報復性熬夜」嗎？這是指透過刻意熬夜，來取得一種「自己支配時間的自由快感」。但這樣的行為往往會造成惡性循環，而無法帶來實質性的自由。換個角度想，報復性熬夜是一種強大的**自我驅力**，強大到你能夠抵抗生理慾望。如果你有這樣的傾向，首先要做的事情，就是更好地掌控自己的主動性：**盡量讓睡眠習慣為維持穩定的頻率，並在自己的生活中主動畫出一段「自由時間」**。

> 「同樣是『自由時間』，報復性熬夜會讓你越來越沒有精神，也越來越憤世嫉俗。」

當你正視需求，並為自己在生活中保留一段時間，則會讓你更有生命活力，也更有自信。不用等夜晚來，靈感和自由都在。

就——明天再說吧

電影《亂世佳人》的郝思嘉說過一句經典臺詞：「**明天再說吧！**」今天可以完成的，我一定會爭取今日事今日畢，但如果真的有些麻煩發生了，或是有些事情真的無法在今天完成，親愛的，就明天再說吧！

如果你習慣依賴熬夜，處理白天做不完的事務，請每一天為自己畫下一道截止時間：沒有哪件事，不能放到明天再做。依照自己的工作習慣，你可能需要提前設定截止日，或是利用壓線管理（見77頁）的限制幫助自己專注發揮。**一旦截止時間到了，就好好安頓自己、休養生息，把自己過好，是最重要的動詞指令。**

「請和自己約定截止時間，未完成的事情，就放到明天。」

問題和事情也一樣，就算是失去了親愛的人，或是有很多難受的情緒，就讓時間之流經過吧。終有一天，你會發現問題解決了、傷心被遺忘了、痛苦減輕了，而今天，就先從哄著自己睡著開始。

別想著「我又失眠了」，而想著「明天再說吧」。重新當個寶寶，哄著自己睡，輕輕地搖晃著自己的身體，為自己唱一首歌，拍拍自己的肩膀，輕輕地唱著「寶寶睡，寶寶睡。」學會哄著自己睡，而不是逼著自己睡，讓睡意輕輕柔柔地湧上，然後讓自己軟軟地融化在床上，閉上雙眼。

「今天已經過去了，
我好好地活過了，
安心睡吧。」

別讓創傷，影響未來的步伐

我是在練習嬋柔的時候，學會怎麼跟身體溝通，也在身體找尋記憶並建立全新的認識。過程中，我常在進行脊椎螺旋練習的時候，覺察到自己左邊與右邊身體的差別。我發現同一個動作指令，左邊身體所接收到的大腦訊息，與右邊截然不同，於是左右邊身體也因此有了不同的反應。

這樣的發現，讓我對於所謂的「溝通」又有了不同的深刻理解。光是自己的大腦，都能給自己的同一個指令有不同詮釋了，更何況不同人對於訊息的解讀。而這也讓我更加地知道：我們的身體本身就是多元與共融的綜合體。**我們能不能把自己活成具有一致性的動詞，需要擁有身心的共融協同。**

在某次進行肩膀練習時，我體驗到有關身體的秘密。小時候，蝶式與混合泳曾是我夢想能在全國甚至全球比賽上奪得佳績的主式專攻。但就在比賽前不久，我的左手韌帶斷裂了。練習必須終止，而且有長達半年的時間，我的左手完全抬不起來，更不用說曾經的夢想了。

多年以來，我一直以為我當時處理得很好。不能游泳也沒關係，反正我還可以讀書。手抬不起來了沒關係，反正就慢慢復健，總有一天會好的吧。我甚至表現得更加積極，反過來安慰自己的父母，沒關係，反正游泳的練習好辛苦，剛好可以不要這麼累，假裝其實自己也沒那麼喜歡那麼在意。

直到那天，我再次碰觸到自己身體的創傷和恐懼。

我還記得那天的嬋柔練習結束，我哭到不能自己。我彷彿回到十四歲的那個自己，那時候的我都沒有哭，但原來我心裡有很多當時無法言喻的感受。我感覺到奪金夢碎的遺憾，我感覺到對教練的虧欠，我感覺到對父母每天早晚接送我去練習的愧疚，我感覺到我對自己受傷的失望，和說不出口的委屈：為什麼我要遭受這樣的痛苦？當時，還有很多很多的恐懼：會不會我的左手真的永遠都抬不起來了？我會不會一直都這麼痛？

我一直以為那段時間過了就過了，但原來二、三十年後，還能透過身體重新連結並感覺到十四歲的自己。當我重新凝視十四歲的我，終於明白，其實我對受傷的自己非常失望，而這份對自己的失望，也一直隱藏在我的成長軌跡裡。

創傷是什麼？開啟身體經驗創傷療法的彼得・列汶（Peter A Levine）博士說得精闢：「**創傷，不是我們發生了什麼。而是我們缺乏內在自我共情與同理時所經歷的時刻。**」

所以有一段時間，我對自己的要求就像是自我霸凌一樣。我曾經有一段時間常跟自己這樣說話——「你就是注定會失敗的人。你沒有一件事做得好。你是所有人的麻煩。這世界沒有你會輕鬆很多。你浪費了所有人的時間。」直到我重新碰觸到那塊身體記憶，才重新共情並同理當時的自己。

「很多時候，時間並不是過了就過了。傷疤最終都會消失，但是傷口的痛楚記憶，身體一直幫我們記得。」

面對創傷，並沒有什麼厲害的招數讓自己再也不難過，畢竟無論大小，那些傷害都已經造成了。但是，當你準備好的時候，回過頭去看看自己曾經受的傷。無論是身體的傷，還是心裡的傷，看看自己曾經因為那些創傷而留下的痛楚與傷疤，用手摸摸那些無形結成繭的地方，好好謝謝承擔著傷口的那個自己，歡迎所有突然湧出的情緒，不批判自己為什麼會有這些感受，**請允許所有發生、所有情緒經過，好好地看見自己所有的內在經驗。**創造一個跟自己共情的時刻，而後，我們能夠更好地重新啟程邁向前方。

用感恩回答一切所有

席慕容有這麼一首唯美的詩：「**為了讓你遇見我，在最美麗的時刻，我已在佛前求五百年。**」如果這個「你」正是我們自己呢？如果這個「我」，是未來理想的我呢？你怎麼知道，不是有一個「我」，在未來為此時此刻求了五百年？

感恩是承認自己的渺小和幸運非常。在我們的生命裡，竟然有這麼多人願意無私愛著我們。光是想到這樣的幸運，就能讓人重新燃起對生活的熱望。我總想要分享我的幸運給更多的人，並對實現夢想躍躍欲試：因為這不僅為了自己，而是為了所有曾經幫助過我抵達到此時此刻的人。

要送一個人登上月球，背後有超過四十萬人的動員和研究；沒有任何一個人是真的「完全只靠著自己」成功的。愛因斯坦曾說過：「**我每天提醒自**

己一百次，我的內在及外在生活，靠的是他人的勞力，無論他們在世或往生，而我必須非常努力，所付出的才會等同我已經得到及正在得到的。」

學會感恩，能夠放大每個當下的快樂，因為在任何項目的成就，你能感覺到不只是自己，而是有更大的群體協同，你會感覺到你從未孤單，在實踐理想的路上，前方總是有人指引，身旁有人陪伴，身後也還能有人接棒。

感恩是真的體會自己所擁有的一切

我們的存在，是生命動詞化後的成果，而感恩能讓我們看見與更大的世界如何互動。

「感恩是不把注意力放在未完成和不可能，
而是去看見那些已完成和不只自己一人。」

感恩的練習能讓一個人學會真正的自信——真正的謙卑是充滿自信、柔韌有力如水一般的，同時，也能經由感恩，學會翻轉混亂與壓力，專注看見自己所擁有的，而不至於被失敗或挫折打擊，甚至保持開放性的心態，處於逆境仍樂在其中。

從二〇一七年四月迄今，除了禮拜天，我每天都為自己保留一段寫感恩日記的時間。感恩日記讓我從絕望憂鬱的狀態，重新恢復成現在能量飽滿、活力充沛的自己。當我學會感恩，我驚訝地發現連呼吸都是不可思議、值得感恩的協同運動，當我們能與像這樣從心底湧出的感恩，真正連結時，生命就會產生本質的蛻變。

人生最幸福的狀態就是知道自己從哪裡來，也知道自己要往哪裡去，並且用著自己適合的速度，專注地走在路上。很多人看向遠方時，往往忘了自己已經走了多久，也有很多人會在看向過往的時候耽溺於曾經的美景。感恩是原諒，也是一種放下。謝謝自己的曾經完成，無論是好的，還是不如預期的，我們可以都透過感激，收攏過去的成就和失望。

感恩是一種肌肉，也是一種超能力，能讓你用初心重新體驗你所經驗的一切，並對一切都心滿意足。

▧ 十三道練習感恩的問題

很多人跟我說「不知道怎麼感謝」。也有些人總說「沒有什麼好謝的吧」。之於我，答案在於：真心體會自己擁有的**所・有・一・切**。感恩，就是感覺到「恩典」的存在，因為沒有任何一個人、事、物的出現是理所當然的。

透過十三個問題，試試看擴張你能夠感受到的恩典：

1. 你有沒有喜歡的歌曲／書籍／電影，你能感覺到創作者對這首歌／這本書／這部電影投注的熱情和能量嗎？
2. 你生活中是否有寵物、植物或任何生命存在，讓你感到開心和放鬆？
3. 動一動你的身體，是否能感受到身體的連結與一絲一毫的奧秘？

4 你的健康和身體狀況是否讓你能夠享受生活和追求自己的夢想？感謝你的身體，能夠帶給你活力；感謝你的身體，讓你發現自己原來有些狀況。

5 今天有曬到太陽、看到月亮，或是感受到風的吹拂嗎？這個世界的存在給你什麼感覺？

6 今天有沒有什麼花費呢？錢有沒有變成自己喜歡的樣子呢？你的工作也能滿足你的渴望嗎？

7 今天有好好吃飯嗎？你的飲食有沒有讓你感覺身心滿足或是自己更健康了呢？

8 你能感恩自己曾經為自己做出的艱難決定和努力嗎？它為你帶來什麼改變？

9 今天的所有發生，有沒有什麼讓你覺得很有啟發，或是引以為戒？

10 你曾經從別人那裡學到過什麼有價值的知識或技能？感謝他們的慷慨

和付出，讓你得到了成長和進步的機會。

11 昨天晚上睡得好嗎？睡得好——多值得感謝！睡不好——那今天就為自己設計一個休息時間吧！可以用不同方式來讓身體獲得一些休息和能量。

12 你有信仰或是崇敬的人？祂／他們帶給你什麼樣的力量？

13 今天的你活著嗎？能感受到自己的呼吸嗎？

感恩真的是言語難以言喻的感受，那是一種對所有存在和發生都能感覺到讚嘆的經驗。當你願意開始動詞化你的人生，我祝福你能感覺到——生命一切的協同運動所擁有的不可思議。就像我們的身體，在無形之間幫我們處理了許多大腦還未處理的壓力，儲存了許多還沒安置好的創傷。而生命的奧秘，其實自然已經告訴我們了：所謂自然，便是四季日夜。

我喜歡生活之中如同太極，除了日夜，也有一天四季。每天都有專注努力的時刻，勤奮如夏；檢視一日所成，收穫如秋；亦有嘻笑歡愉的時刻，風乎舞雩詠而歸，快樂如春；也有晚來天欲雪，能飲一杯否的樂趣，無論雪下不下，無論發生什麼，總還是能有種招呼自己的動力。

我們的生命是連續的時間整體，我喜歡日有所耘，日有所成，日有所享，日有所樂，讓我們動詞化自己的生命，一起有效率地前進，也能幸福地好好休息。

後記與感謝——我想要的是生命的一切

我一直覺得最好的生命狀態就是這樣的——此時此刻，我能全身心口合一的全然投入。我能如實地表達我心所思所想與身體所感。生命很短卻也很長，但我非常享受於專屬我自己的所有體驗，那些痛苦的、煎熬的、自我懷疑的，也還有那些甜美的、驚喜的和心滿意足的。

我非常感謝自己的成長路上所能相遇的所有生命和書本們，但願目前你手中的這一本書，也能帶給你一些生命的滋養。我期待這本書分享的一些方法與實驗，能給你一些線索，幫助你長出根深蒂固又自由、繁盛如花如葉的靈魂，能讓你擁有穩固又恣意的人生。我也祝福每個讀著這本書的人，你能理解感恩，你能感受到謙遜，你能用不同種視角看待所有發生，而且你能感覺到每次有新的際遇，無論好壞高低起伏，都能在這個過程裡安然地經驗，並且能透過每一次的機會更了解自己是誰。把自己活成動詞，就像是動詞會擁有字根一樣，我希望這本書，也能幫助你找到自己的根，至少能有個開始。

「你的名字，就是最好的動詞。
你可以決定你要怎麼創作自己的這段人生。」

接著是一串感謝，如果你想知道我平常怎麼寫自己的感恩日記，邀請你看看這裡。

感謝芳菁。宇宙大爆炸式的感謝。因為你，這本書得以揉捏琢磨成這般模樣。衷心感激你願意給我回饋，你知道我熱愛建議，謝謝你讓我能夠在過程中，更了解自己，也能有所進步。謝謝你讓我更加地靠近著自己理想的模樣。我喜歡我們第一次好好見面的時候，我看見你的殼，而你願意在我面前脫下你的殼。我喜歡你兇兇的，我也喜歡你甜甜的，我喜歡你因為看見我的文字覺得進步的喜悅。我喜歡你是真誠的。

感謝 Vina、宗庭和小花。第二次跟悅知文化合作。也知道書市正低迷，但每次見到你們都會感覺無比的熱情，以及每個人的努力。謝謝 Vina 跟我說自己喜歡的書，我總覺得知道一個人喜歡讀什麼，我們的靈魂就會更靠近，而我總是喜歡更靠近一點。謝謝小花帶領的悅知文化夥伴們，總是能讓我感覺到熱情與善良，領導人是什麼樣子，團隊也很容易長成什麼模樣。謝謝宗庭讓這麼多通路願意給予資源，讓這本書能獲得更多的機會被看見。出版社是讓人敬佩的行業，是因為有像各位這樣的人們。

感謝所有我讀過的書與作者們。感謝「春風又『綠』江南岸」這句詩詞，當年我在課本上在「綠」這個字畫了好多三角形。當我看見名詞可以任意被轉化成動詞時，我就想著原來只要詩人想，綠色也是動詞，從此我便相信，只要我想，我可以把任何一個詞彙定義成動詞，包括我的名字。這本書也是綠色的，以此綠向綠致敬。非常感激我透過閱讀能相逢所有幽默的、智慧的、不斷尋求真理的智者和大師們，我深知我是所有我讀過的書本交織成而成的。我感謝這世界有書，而我還能讀。

感謝女人迷和所有夥伴。創業真的是一場修行，感謝這些年來所有陪伴著我一起修行的人們。我們一起所有經歷過悲歡離合、挫敗光榮，所有經驗都彌足珍貴。謝謝我們能創造這麼多的前所未見與不可思議。千言萬語，最終一句——女人迷Womany，就是動詞！謝謝所有夥伴們，我們一起讓女人迷成為多元共融社會意識改革的動詞。

感謝看見我的讀者們和愛我的朋友們。我一直在想，到底要用什麼詞來描述我們彼此的關係。「支持」有點奇怪，「喜歡」也略嫌不足，「追蹤」更是無趣；我認真地想過，發現真的就是「看見」——這是《阿凡達》電影中潘朵拉星球表達我愛你的方式，這個翻譯是我當時在電影公司擔綱負責的，因為沒有什麼比「我看見了你」更能詮釋其中深意之愛。謝謝你看見了我，看見了各種面向的我，看見了我所能帶給你的，謝謝你看見了這本書。我期待有一天我也能看見你。也謝謝所有愛我的、我愛的朋友們，我是如此追逐著夢想的人，是我身旁的朋友們總在我需要的時候讓我知道你們都在，你們也永遠支持著我。感謝我的生活中有你們，而你們也一定知道，只要你們需要的時候我也絕對會在。

感謝我親親愛愛的身體。由衷感謝帶給我林克雷特的微弋和嬋柔運動的文易，你們讓我更認識自己的身體，更了解自己真正的聲音，你們幫助我與自己的身體有更深的關係。這本書寫作之時，其實我深受耳疾之苦，但我知道這也是祝福。在耳朵常聽不見的時候，讓我更願意了解音樂對我的重要，也更認識貝多芬，也讓我更有機會覺察自己，我是如何面對未知的恐懼？我是如何面對長期的不舒適？我也感謝這個機會——身體有話要說，而我也真的好好地聽見了。謝謝我親愛的耳朵選擇在這個時候跟我說，謝謝你讓我在聆聽眾人與社會之時，也能好好花時間聽見你和自己。我真的非常感激，感謝我的身體能夠承擔起我所有的夢想，非常感謝你，陪我一起活到這裡，衷心膜拜式的感激。

感謝我能有妥善的休息和足夠的睡眠。其實每一天能好好入睡，隔天好好醒來，我就覺得幸福非常與感謝萬分。能有好的休息，才有機會走更遠的路；這句話雖然簡單卻也難得。感謝身體總是有能好好休息的方式，感謝白天有太陽可曬，綠樹可看，感謝我的床與枕頭支撐著我，感謝可以好好睡著，也好好地自然醒來。謝謝能有好好的休息。

感謝所有的時間和所有的發生。感謝今天所有的發生，這真的是每天感謝時我都會感謝的事情，就跟感謝上帝，感謝宇宙，感謝家人一樣的永遠感謝。非常感謝時間的所有累積，感謝今天所能寫出的每一個字，感謝芳菁給我的每一個建議，感謝每一個字句之間迸發的靈光與想為讀者服務的心情。感謝靈感，感謝曾經，感謝能夠有所靈感與經驗釋放，感謝過程中我也多有收獲有所吸收。感謝所有發生。

感謝我親愛的家人尤其父母和另一半。這一路走來，感謝我的父母如此無條件的愛我，與給予我一切你們想給予我的。是媽媽告訴我「戰到最後一兵一卒」，讓我有了雖千萬人而吾往矣的勇氣。是爸爸告訴我「遇到委屈就吞下去」，讓我學會不可思議的耐心。是你們，是你們讓我能這樣任性又韌性的動詞化自己的人生。謝謝你們，孕育我，帶給我這段生命，也陪著我長大，我衷心希望自己能給你們光榮和對社會共好的延續，雖然你們永遠只希望我平安快樂又簡單。也謝謝我親愛的另一半，謝謝你所有所有，謝謝你讓我是我，而且是我想要的我。

感謝有神。感謝上帝和宇宙給我的一切一切，感謝有生命有死亡，感謝我能身而為人，能有這麼多感受與領略。感謝有神對話，總是能給我訊息，給我信心，給我盼望，給我勇氣，給我支持，給我滋養。感謝我能有機會領略什麼是：我知道自己從哪裡來，也知道自己往哪裡去，感謝我有機會感受萬事互相效力的奇蹟。我們活著，就是奇蹟，感謝上帝，讓我知道我的名字就是一個動詞，這個動詞是愛，是盼望，是實現，是讓更多人能學會如何更好地成為自己，因為我們都是祢的孩子。

把自己活成動詞

作　　者　張瑋軒
責任編輯　許芳菁 Carolyn Hsu
責任行銷　朱韻淑 Vina Ju
封面裝幀　Dinner Illustration
版面構成　黃靖芳 Jing Huang
校　　對　葉怡慧 Carol Yeh

發 行 人　林隆奮 Frank Lin
社　　長　蘇國林 Green Su

總 編 輯　葉怡慧 Carol Yeh
主　　編　鄭世佳 Josephine Cheng
行銷主任　朱韻淑 Vina Ju
業務處長　吳宗庭 Tim Wu
業務主任　蘇倍生 Benson Su
業務專員　鍾依娟 Irina Chung
業務秘書　陳曉琪 Angel Chen
　　　　　莊皓雯 Gia Chuang

發行公司　悅知文化　精誠資訊股份有限公司
地　　址　105台北市松山區復興北路99號12樓
專　　線　(02) 2719-8811
傳　　真　(02) 2719-7980
網　　址　http://www.delightpress.com.tw
客服信箱　cs@delightpress.com.tw
ＩＳＢＮ　978-626-7288-42-9
建議售價　新台幣350元
首版一刷　2023年6月

國家圖書館出版品預行編目資料

把自己活成動詞／張瑋軒著. -- 初版. -- 臺北市：悅知文化，精誠資訊股份有限公司，2023.06
224面；14.8×21公分
ISBN 978-626-7288-42-9（平裝）
1.CST: 人生哲學 2.CST: 自我實現
191.9　　112007189

建議分類｜心理勵志、職場工作術